CANTOLOGÍA

PATRICIO MANNS

CANTOLOGÍA

Cataloria

MANNS, PATRICIO

Cantología / Patricio Manns
Santiago de Chile, Catalonia, 2021
228 p., 15 x 23 cm.

ISBN: 978-956-324-860-9

POESÍAS CHILENAS
861

Dirección editorial: Arturo Infante Reñasco
Diseño de portada e interiores: Guarulo & Aloms.
Imagen de portada: reproducción pintura *La música*, de Gustav Klimt.

Composición interiores: Salgó Ltda.

Representante del autor: Marcel Dupin Voisin, agente literario.
marceldupinv@gmail.com

Primera edición: noviembre 2004
Segunda edición: marzo 2005
Tercera edición: enero 2012
Cuarta edición con nuevo formato: junio 2021

ISBN: 978-956-324-860-9
Registro de Propiedad Intelectual N° 143.205

VARIACIONES SOBRE TEMAS
DE PATRICIO MANNS

Las canciones de Patricio Manns le han deparado desde hace décadas una fama tan justa como extendida. Pocos habrán dejado de oírlas en Chile y en el extranjero, y quienes las han oído y vivido seguirán recordándolas. No es necesaria ninguna encuesta para comprobarlo: cualquier referencia al tema de la canción en Chile atrae de inmediato su nombre y los títulos de algunas de sus más exitosas composiciones: algo semejante a lo que ocurre con Violeta Parra, ambos figuras eminentes de una modalidad creadora que ha dejado huellas profundas en la memoria colectiva.

En el caso de Patricio Manns son muchas las razones que explicarían esa pervivencia, pero es casi seguro que su público destacaría en primer término el aprecio por sus consumados dones de compositor y de cantante. En el ámbito hispanoamericano se habla de CANTAUTORES, y en esa línea se ha situado este aspecto de su variado e incesante quehacer. También se le reconoce con plenitud su talento de narrador y de ensayista, pero no siempre como se debiera su condición de poeta. Yo creo sin embargo que esa condición suya es la otra base fundamental de la trascendencia de su obra.

Diccionarios de literatura y antologías poéticas no suelen registrar su nombre o incluir textos suyos en ese orden. Después de una detenida y fervorosa lectura de sus poemas, me parece necesario averiguar la causa de estas omisiones.

El distinguido estudioso inglés Robert Pring-Mill prologó en 1995 el extenso poema épico-lírico publicado por Patricio Manns con el título de Memorial de Bonampak, Brosquil Ediciones, España 2004. En un párrafo muy pertinente de ese prólogo —de consulta indispensable para acercarse al Manns poeta dice Pring-Mill: «Cualquiera que haya escuchado las grandes canciones de Patricio atentamente no podrá dudar de su calidad de poeta: sus letras de canción son las más poéticas de toda la Nueva Canción chilena, y [están] entre las mejores de todo el continente en dicho género». En una nota al calce, Pring-Mill agrega que a menudo los críticos literarios no lo entienden así, y estima esa desatención como «un serio error».

Pienso que el acierto de Pring-Mill se debe al hecho de que su mejor lectura de las piezas poético-musicales de Patricio Manns, tan difundidas desde los años sesenta, ocurre en un espacio no contaminado por los prejuicios críticos que hacen inmodificable la consideración del canon establecido en un momento del proceso literario, se supone que de una vez para siempre e ignorando las muchas veces en que la historia y los lectores han corregido esas pretensiones. Las «grandes canciones» a las cuales alude Pring-Mill han estado ahí desde hace muchos años, pero sus seguidores más devotos eran quienes las oían, con frecuencia distanciados o ajenos a la meditada recepción que permite la letra impresa. Omisión culpable de la crítica, es cierto, pero es preciso reconocer que en esta intelección sesgada de una obra poética tan valiosa y provocativa le cabe también alguna responsabilidad al propio autor, quien sólo ahora ha decidido reunir los poemas, musicalizados o no, que empezó a escribir hacia 1956, aunque en este volumen no se incluye el Memorial de Bonampak, en sí mismo un todo unitario e independiente que ilustra una distinta exploración de asuntos y de formas expresivas, abierto a intertextualidades histórico-culturales asumidas y procesadas en esa obra con notable eficacia.

Contrariando felizmente la costumbre más o menos general de disponer en orden cronológico la suma poética que da cuenta de una vida consagrada a la creación artística, Patricio Manns ha optado ahora por la recurrencia, no poco original, al orden alfabético de los títulos, anotando al final de cada texto el año de su escritura.

El lector advertirá pronto que semejante despliegue textual no es nada caprichoso: subyace a él la idea y la convicción de un trabajo entendido como el todo que constituye la voz poética: un diálogo de textos que se enriquece y profundiza en la vecindad y el contrapunto, como lo sugieren las variaciones temáticas frecuentes en la creación musical: Variaciones, en efecto, es una de las palabras claves para tratar productivamente con esta poesía. En la felicidad de esa práctica reside una de sus mayores virtudes, que es al mismo tiempo una lección de exigencia para escritores desaprensivos.

Los asuntos de que habla esta poesía son muy variados, y tocan desde los muchos conflictos en que es rica la vivencia de lo erótico hasta los grandes dramas colectivos; pero de manera central sobresalen los que distingue Pring Mill en el prólogo al Memorial..., a menudo puntualizados también en las conversaciones del autor con Osvaldo Rodríguez Musso y con Juan Armando Epple: la búsqueda de la justicia social, la lucha por la sobrevivencia, la identificación con la vida de los otros, la denuncia de los desastres provocados por la injusticia y por ese desorden mayor que fue la dictadura chilena, con la consiguiente irrupción de la barbarie. La mención de dos poemas extraordinarios bastará aquí para ilustrar ese vasto registro: «En Lota la noche es brava», de 1965, y «Muerte y resurrección de Víctor Jara», de 1973. La lectura del primero suscita de inmediato una relación iluminadora con uno de los libros fundacionales de la tradición literaria nacional: los cuentos de Sub-terra: Cuadros mineros, publicados por Baldomero Lillo en 1904; el segundo —que conjuga la dimensión trágica con la intensidad de la denuncia— habrá de inscribirse en la reducida serie de las elegías memorables de nuestra poesía.

La facultad constructiva que se manifiesta de manera tan saliente en los textos poéticos de Patricio Manns, sean éstos o no letras para canciones, es una de las singularidades de su escritura que más llamará la atención de sus nuevos lectores. Su repertorio de formas estróficas y métricas es de una amplitud considerable y su concreción poética es siempre afortunada: esa conciencia de los valores legados por la poesía tradicional, en sus vertientes populares y cultas, es hoy una importante lección de rigor, algo sin duda implícito en aquella incisiva nota de Borges en la que observa que «la literatura actual se complace en las facilidades del caos y de la azarosa improvisación». La poesía de Patricio Manns ilustra, desde sus comienzos, la otra dirección, y es el admirable dominio que el poeta tiene de esas formas lo que le permite al compositor que hay en él alterarlas, recombinarlas o romperlas cada vez que el ritmo musical sobre el cual trabaja en un determinado momento se lo exige o impone.

La obra poética de Patricio Manns ha esperado mucho tiempo para ir al encuentro con su público, pero aquí está por fin, y yo tengo el privilegio de invitar a los lectores a compartir la viva y enriquecedora experiencia de su lectura.

Pedro Lastra
Sound Beach, marzo 2004

Los textos que ustedes tienen a la vista parecen poemas pero no lo son en un sentido estricto. El ideal del poeta es concebir su poema sin otras ataduras que la sintaxis, que en este caso, es una dictadura silábica, las cadencias, y con o sin las rimas. Pero los poemas de CANTOLOGÍA están atados, además, a la música, y la música, contrariamente a lo que se cree, tiene estructura matemática: sin ir más lejos, sus compases se dividen en 2/4, 3/4, 4/4, 5/4, 6/8. Hay incluso otras medidas o compases poco utilizados por su complejidad. La medida o compás de 5/4 —es una propuesta de estudio—, fue empleada por Dave Brubeck en su célebre BLUE RONDÓ A LA TURCA (Jazz), así como también por Joan Manuel Serrat, en MEDITERRÁNEO. El compás de 7/8 (de rarísimo empleo) fue utilizado por Horacio Salinas, con Inti-Illimani, en ANGELO, a partir de una propuesta del cantante y violinista italiano Angelo Branduardi. Son medidas nunca utilizadas en Chile y en América Latina.

Muchas veces, la música me impone un modo de versificación completamente inusual en la poesía: por ejemplo, léase el texto de RÉQUIEM, que ha sido escrito de esa manera porque tal fue el imperativo categórico que la música impuso a los versos. En este caso, la música fue escrita antes. Lo contrario, puede considerarse una empresa imposible. Pero sólo en compañía de la música este poema adquiere toda su dimensión. Un poema comparte con la música algunas técnicas. Ahí están la cadencia, la cadencia rota, la acentuación invisible, es decir no marcada por un signo, la rima interna, técnicas que muy pocos poetas contemporáneos dominan, quizás por un insuficiente estudio de las reglas y, sobre todo, una incorrecta percepción de las posibilidades del poema. La prueba es que, al menos, los poetas chilenos, son resueltamente incapaces de poner un texto al servicio de la música, El excesivo empleo del verso libre castra sobremanera esta posibilidad, porque al ser la música cuadrada, —esto es, regulada por compases matemáticos—, lo debe ser también el verso. Sin embargo, el verso libre es asimismo musicalizable. Puede examinarse el texto de LA DIGNIDAD SE CONVIERTE EN COSTUMBRE, o también MORIMOS SOLOS, en el presente libro, para controlar la justeza de mis aseveraciones. Pablo Milanés ha puesto en música, a este respecto, poemas en prosa de José Martí, en un ejercicio de aparente facilidad. Pero en verdad se trata de una tarea mayor, fuera del alcance de los neófitos. De manera que esta advertencia va dirigida a aquellos que lean estos textos con ojo crítico. Ciertas formas parecen anticuadas, pero la poesía no puede ser anticuada. Pienso a menudo que los poetas deben iniciarse construyendo sonetos, coplas, romances, décimas (Neruda nunca pudo escribir una, y en este libro hay dos décimas muy particulares: MUERTE Y RESURRECCIÓN DE VÍCTOR JARA y ELEGÍA PARA UNA MUCHACHA ROJA); aprendiendo a utilizar el pie quebrado, a controlar el universo silábico, es decir, dominar las formas clásicas, utilizando las rimas consonantes y asonantes, amén de las rimas internas, y profundizar en el ejercicio de las cadencias, en las cuales Neruda fue un maestro. Sólo con escuchar lecturas personales de Neruda, uno puede llegar a calar el secreto de las cadencias. Es un tema que no se enseña, por los mismos motivos que la poesía no se explica. Es una particularidad que sólo absorbe una conciencia activa abierta a lo más recóndito de la poesía y de la música.

En fin, queridos amigos, la intención oculta de este libro es ambiciosamente pedagógica. Pero ojo: no estoy diciendo "Así se hace", sino "Así lo hago yo", que es muy distinto. Si logran neutralizar las probables sospechas de pedantería, quizás este sea un libro útil para más de alguno, y con ello habrá cumplido su propósito cabalmente.

PATRICIO MANNS
Costa de Montemar
Octubre 2004

ADIÓS

Recuerdo el muelle opaco
Mi pecho como fragua
Una nave inflexible flotando
En el hechizo de las luces
Que giran sobre el fulgor
Del agua amarga y tierna
De este feroz Valparaíso.

Recuerdo tu silueta
Parada sobre el puente
Y me recuerdo solo
Y desecho en el asfalto
Con una red de surcos
Rompiéndome la frente
Y el corazón quebrado
Por tu luz desde lo alto

Recuerdo tu pequeño
Pañuelo tiritando
Como un pájaro herido
Sangrando en pleno vuelo
Y tu intensa y secreta
Mirada contemplando
El derrumbe infinito
De mi alma bajo el cielo

Te recuerdo entre cuernos
De neblina gimiendo
Y otra vez tu pañuelo
Y tus dos ojos zarcos
Y la rabia incansable
De mi cuerpo rugiendo
Al infame horizonte
Donde mueren los barcos

1998

AL NORTE LA PATRIA MÍA

Al norte la patria mía
Leyenda de una proeza
Es un gigante reseco

De tanto alumbrar riquezas
Se fue llenando de huecos
Al norte la patria mía

Cada dólar que llega
Como coneja
Tiene mil pariciones
Luego nos deja
Cada dólar que llega
Como coneja

Como coneja ay sí
De mal agüero
Va pariendo miserias
Por el trasero

Y ahora —¡Quién lo diría!—
Tierra baldía

1965

ALLENDE

Presidente:
He marchado por las calles del mundo
Las plazas y los parques,
Los lagos, los volcanes
Los ríos memorables
Los páramos, las ruinas
Los trigales, los bosques llenos de voces verdes
En busca de tu nombre
Y allá encontré tu nombre
He pescado botellas en el mar con tu rostro
Dibujado en oscuros papeles navegantes,
Y poemas tallados a cuchillo en las mesas
De bares infinitos, cerca del fin del mundo,

Pero en Chile, tu patria,
No hay nada que te nombre.

Tú no estás en las calles de Chile, ni en sus muros
No estás en los mercados ni en las escuelas rotas
Pero sí en la memoria de los que defendiste
Con tu ideal, tus manos y tu muerte inmortal

Nada, nada, sólo el amor de tu pueblo, Allende

Presidente: está escrito tu nombre en una estrella
Y Salvador Allende se llaman los tranvías
Los barcos castigados que surcan el oleaje
Los trenes sudorosos de aceites y de lluvia
Pero en tu patria nada lleva tu nombre, Allende

No volverás jamás puesto que no te has ido
No partirás jamás puesto que te quedaste
No borrarán tu gesto ni esconderán tu sangre
Ni harán de tu legado un manuscrito muerto
Pues eres parte altiva de la historia de Chile

Tú no estás en las calles de Chile ni en sus muros
No estás en los mercados ni en las escuelas rotas
Pero sí en la memoria de los que defendiste
Con tu ideal, tus manos y tu muerte inmortal

Nada, nada, sólo el amor de tu pueblo, Allende

Hay que escribirte en las murallas
Hay que sacarte del silencio
Hay que romper la cordillera para que vuelvas a caballo
Hay que abrir huecos en el cielo para que bajes como un rayo
Hay que abrir tumbas y panteones para que subas de la muerte
Porque no hay nada que nos una como tú, Salvador Allende
Porque no hay nada que nos una como tú, Salvador Allende
Porque no hay nada que nos una como tu Salvador Allende
Porque no hay nada que nos una como tu Salvador Allende
Como tú, Salvador Allende

2001

ANTES DE AMAR DE NUEVO

Antes de amar de nuevo, lava tu corazón
Con agua y con ceniza que sean verdaderas:
Así el recién venido sabrá que has olvidado
Al otro que ocupaba tu vida aventurera.

Antes de amar de nuevo, desata las amarras
Que te retienen lejos, en horizonte extraño:
Ignoras lo que vale conquistar un minuto
Cuando orgullosamente te has dormido mil años.

Se ama de pie en un mundo confuso y desgarrado
Que apenas da reflejos de algo mucho más bello:
Para alcanzarlo basta con limpiar la mirada
Y sin duda sabrás lo que es aquello.

Antes de amar de nuevo, llora un poco en silencio,
Haz como hace la lluvia que lava tu ventana,
El sol no está tan lejos de tu alma vanidosa,
Solo que para verlo hay que abrir la mañana,

Se ama de pie en un mundo confuso y desgarrado
Que apenas da reflejos de algo mucho más bello:
Para alcanzarlo basta con limpiar la mirada
Y sin ninguna duda sabrás lo que es aquello.

Antes de amar de nuevo, llora un poco en silencio,
Haz como hace la lluvia que lava tu ventana,
El sol no está tan lejos de tu alma vanidosa,
Sólo que para verlo hay que abrir la mañana,

1998

ANTIGUA

Más que el universo ella es antigua
Más que las galaxias ella es
Más que el sol labriego ella es antigua
Más que las murallas de los Andes y su fuero
Anterior al hombre, a su memoria y a su amor
A sus armaduras, su puñal, su asedio
Más que el aire alado ella es

Más que el vegetal, más que el carbón de piedra
Más que el mar amante y su convoy de escamas
Más que los metales y el reloj

Y no se ha extinguido en su cometa
En su calor, en su madera
En su epopeya, en su bastión
Sólo se ha calzado la escritura
Y un sonido fragoroso
Para asomarse a la voz

Es una palabra establecida
Por los fuegos de la vida
Por los truenos de la luz

Es una palabra sin cadenas
Anterior a tu condena
La palabra que te ofrezco
Es libre
Es libre, libre, libre, libre, libre

En Las Antillas, Antigua, 1980

ARRIBA EN LA CORDILLERA

¿Qué sabes de cordilleras
Si tú naciste tan lejos?
Hay que conocer la piedra
Que corona el ventisquero
Hay que recorrer callando
Los atajos del silencio
Y cortar por las orillas
De los lagos cumbrereños:
Mi padre anduvo su vida
Por entre piedras y cerros

La Viuda Blanca en su grupa
—La maldición del arriero—
Llevó mi viejo esa noche
Para arrear ganado ajeno
Junto al paso de Atacalco
A la entrada del invierno
Le preguntaron a golpes
Y él respondió con silencios:
Los guardias cordilleranos
Clavaron su cruz al viento

Los Ángeles, Santa Fe
Fueron nombres del infierno:
Hasta mi casa llegaba
La ley buscando al cuatrero
Mi madre escondió la cara
Cuando él no volvió del cerro
Y arriba en la cordillera
La noche entraba en sus huesos:
El que fue tan hombre y solo
Llevó a la muerte en su arreo

Nosotros cruzamos hoy
Con un rebaño del bueno
Arriba en la cordillera
No nos vio pasar ni el viento

Con qué orgullo me querría
Si ahora llegara a saberlo
Pero el viento no más sabe
Dónde se durmió mi viejo
Con su pena de hombre pobre
Y dos balas en el pecho

1965

ARRIESGARÉ LA PIEL

Quizás me fuera necesario anoche
Tomar la inútil decisión de verte
Así sea en el centro de la noche
Así sea en el borde de la muerte

Mi corazón es un caballo alado
Mi decisión es una espada amarga:
Yo volveré a buscar lo más amado
Pese a la incertidumbre que me embarga

Arriesgaré la piel por un encuentro
Aunque paguemos caros los engaños
Porque la vida es un instante dentro
De la perdida inmensidad de este año

Año de espera y año sin memoria
Que no quisiera prolongar en celo
Entre el cuchillo de tus dos historias
Y las heridas de mis dos desvelos.

1998

BALADA DE LOS AMANTES
DEL CAMINO DE TAVERNEY

El cuarto donde habita mi ruiseñora
Se nutre con el ruido de mi demora
Los cantos de la calle se están plegando
Y el mórbido reloj mira blasfemando
Después la lluvia encumbra sus volantines
Y moja alguna estrella que agoniza entre violines
Y agolpa sus rebenques desmelenados
Al anca de mi potro, que no ha piafado

De noche todo es claro si en su cortina
Ondula una cadera que se adivina
Sacude su pañuelo la amante raza
Y enciende las señales por donde pasa
Mi atávico desvelo buscando casa

La cama donde espera mi buenamoza
Es tibia como un vientre y es luminosa
Viniendo de la lluvia y forzando puertas
Aprecio que su gana ya esté despierta
La cama donde escurro mis homenajes
Es donde desterramos la barrera de los trajes
Y donde, de algún modo, su resolana
Se adueña de mi lengua, tan soberana

Allí nos respiramos de diestra suerte
Allí nos cobijamos (por si la muerte)
Allí yo le regalo mis estertores
Y allí ella me devora con mil amores
Cogiendo de mi sangre
Las frescas flores

La cama donde anida su pulpa suave
Es esa donde yergue su cuello mi ave
Y aquella donde estira su claro modo
Amándome de cerca y mordiendo todo
Su cama multiplica mi envergadura

Que es llave con la que abro su opulenta sabrosura
Que es fuego con el que echo
Su frío afuera
Y avivo su gemido cuando lo quiera

Viniendo de tan lejos estoy tan hondo,
Tan cerca de su dentro y tan al fondo
Tan ávido y completo, tan estrujado
Tan posesivo y pleno, tan aplicado
Que cuando el nuevo día se asoma, me alza
Desangrado

Ginebra, Suiza, 1983

BANDIDO

La noche me abre su manto
Su manto de estrellas blancas:
Compadre: voy a la sierra
Llevando mi muerte en ancas

Es negro el viento y la tierra
Negro el pan y negro el vino
Si voy subiendo a la sierra
Más negro se hará el camino

Un corvo de acero blanco
Me cuelga al flanco
El rifle alerta
Cansado el tranco llevando penas
Y donde vaya con la cadena
De este destino sobre mi manco
Se irá el dolor

Compadre: la noche enreda
Mi poncho negro en sus brechas
Pero en todos los atajos
Un rifle escondido acecha

Al pueblo vaya de albita
Cuando aún no muera la sombra
Y donde escuche que hay una
Mujer que a solas me nombra

Le dice que no me busque
Que se acostumbre
Que ya no existo
Que allá en la sierra
Cuando en la noche
De espalda en tierra
Me acuerde de ella
Con toda el alma
Con toda el alma
La lloraré

1956

BORRACHERA

(Homenaje a Li Po, poeta chino (701-762)

En la humilde fiesta con que me solazo
Aunque vaya solo siempre somos tres:
Contando a la luna que brilla en el cielo
Y a mi sombra que entonces viene también

Un frasco de vino bajo el brazo llevo
Y a orillas del lago vamos otra vez
La luna se enferma despidiendo estrellas
Y mi sombra —¡Qué tonta!— se enreda en mis pies

De retorno a casa, la luna solloza
Mi sombra se arrastra por muros sin sol
Y yo tambaleando con la noche a cuestas
Avanzo colgando de árbol en farol

La luna ilumina los caminos rotos
Con luz peregrina y resplandor audaz
Y mi sombra sigue por la otra vereda
Para prevenirme que yo estoy de más

A veces me paro bajo el alumbrado
Para echarme un sorbo lleno de sabor
La luna me estira su lengua dorada
Pero no mi sombra que atrapó un dolor

La enterramos bajo una pequeña palma
Cuando muerta y tiesa la encontré una vez
Recuerdo a mi sombra y se me quema el alma
Porque ahora nunca más seremos tres.

2009

CAMINOS NEGROS

Yet each man kills the thing he loves

Oscar Wilde

Es duro tener que decirnos palabras
Amargas que nunca buscamos
Y darnos la mano y marcharnos
Por caminos negros que tragan y matan

Al menos, si me has comprendido
Sin viejos rencores podrás recordarme
Que es raro el olvido y no basta
Bifurcar los rumbos sin mirar atrás

Si crees que contra la muerte
El tiempo implacable volverá a juntarnos
Estrecha mi mano y partamos entonces
Llenando de sombras la puerta

Si no, mírame con fijeza
Y graba en tu mente la cara que amaste,
Que ya no nos unen ni cielo ni tierra
En la larga noche que nos va a cubrir

Al hombre lo aterra la muerte
Lo acosa el olvido
Lo espanta la nada
Y deja morir su cosecha
Porque cada uno
Mata lo que ama

Por eso, si crees que el tiempo
Detrás de la muerte volverá a juntarnos
Aprieta mi mano y partamos
Abriendo la puerta a la sombra del mundo.

Si no, mírame con fijeza
Y graba en tu mente la cara que amaste
Que ya no nos unen
Ni cielo ni tierra
En la inmensa noche
Que nos va a cubrir

1957

CAN-CAN DEL PIOJO

Sin respeto el ciudadano
Ha de bañarse cada día
En un agua que contenga
Subversión y poesía.
Sin respeto ha de peinarse
Con un peine reincidente
Para hacer que la piojera
No le ondule de repente.

Sin respeto ha de ponerse
Los zapatos de la urgencia
Porque al hombre que no avanza
Se le apioja la conciencia.
Sin respeto ha de abocarse
A fumigar sus convicciones
Para que no se le pudran
Con el riesgo de infecciones.

Sin respeto el ciudadano
Debe hacer con la lectura
De las cosas prohibidas
Un objeto de cultura.
Sin respeto ha de plantarse
En la mitad del suceder
Para que el piojo no intente
Asegurar que aquí no hay nada que temer.

Sin respeto ha de erizarse
Cuando el piojo abotonado
Le succione hemoglobina
Y lo amortaje desangrado.
Sin respeto ha de encogerle
La sonrisa de ganante
Para que el piojo comprenda
Que ya nada es como antes.

Sin respeto debe armarse
De impaciencia hasta los dientes
Porque el tiempo que avecina
Trae fiebres inclementes.
Sin respeto habrá de unirse
Con los otros sin respeto
Para que el piojo comprenda
Que se encuentra en un aprieto.

Sin respeto debe darse
Por entero a los quehaceres
Siendo la lucha antipiojo
El mayor de los deberes.
Sin respeto y con porfía
Natural y valedera
Deberá impedir que el piojo
Perpetúe su piojera.

Sin respeto ha de arrojarse
En las aguas del torrente
Y a pesar de los meandros
Nadar contra la corriente.
Sin respeto ha de afiliarse
A la salud del porvenir
Para que el piojo comprenda
Que llegó esta vez la hora de partir.

Sin respeto ha de parcharle
A la bandera las heridas,
Al Escudo la vergüenza
Y a la Historia la mordida.
Sin respeto ha de arrancarle
Al piojo toda potestad
Y besar en plena frente
Finalmente
Desinfectada la libertad.

1986

CANCIÓN PARA CONSTRUIR UNA CASA

Tantito antes de nacer
De un sollozo de mi madre
Mi padre perdió la tierra
Y tuvo que arar el aire

Tantito antes de nacer
De un suspiro de quien me ama
Mi padre perdió su techo
Y anduvo de rama en rama

Y como el camino es polvo
Que morirá sin sembrados
Lo echaron sobre su rumbo
Y lo caminó silbando
Con un silbido montuno
Que iba los sueños arreando

Tantito antes de crecer
Mi padre se fue a lo oscuro
Me dijo antes de morir
Con una voz de susurro:

"Tantito has de trabajar
De la noche a la mañana
Con doce tablas de pino
Cuatro vigas cepilladas
Y en la boca ardiendo un silbo
Temprano como las brasas
Para guardar tus amores
Y darles sombra en la casa
Que nunca tuve contigo
Porque nunca tuve nada"

La casa que levanté
Para que vivas en ella
Cerró sus tablas en torno
Del brasero de una estrella
Y rubia paja de trigo
Larguita como tu pelo
Te traje desde los campos
Para hacer nido en el suelo

Esta casa que es tu casa
Casa de todos los nuestros
Fue terminada de noche
Con clavos y con luceros
Sobre un pedazo de tierra
Que siempre fue campo ajeno

1970

I. Danza Verde

Verde Pincel
Pintó la luna
Y la volcó sobre una
Lienza de luz
Verde como el
Sol de América

Verde brocal
Hizo del agua
Una verde concha
De donde vino
Siempre desnuda
La verde Venus nuestra

Verde y más verde soy
Mientras me danzo en paz
Cubre el verde
La tierra en agraz
Agraz

América es verde
Verde americano
Y esa luz me sale de las manos
Que son tus manos
Y reúnen
Esta vastedad salvaje
De mi continente
Que amo
Y amo

II. Bambuco de Macondo

Viene el Coronel Buendía
Con el hielo entre las manos
Y cantando su alegría
Baten el cobre
Diez mil gitanos

Una muchacha encendida
Danza bajo el sol de fuego
Y bebiendo su aguardiente
La mira un muchacho ciego

La polvorienta higuera que está
De pie en el centro del huerto mudo
Abriga la siesta encadenada
De un feudal señor desnudo

Ay, una niña envuelta en su tul
Salta en silencio desde su lecho
Para alimentar con su vuelo azul
Doce luceros con sus pechos

Se va el Coronel Buendía
Con las manos sobre el hielo
Y a su paso va dejando
Caer los años del desconsuelo

Estos años que han pesado
Como siglos de verdad
Y que Gabriel ha llamado
Cien años de soledad

III. Macunaíma

En las tenaces fauces de la selva
Nació el héroe Macunaíma
Que se educó en el goce de la noche

Ya en la niñez hizo cosas fútiles:
Cerca del río llamado Uricoé
Se pasó un año sin decir ni hola
Hasta que le arrancaron seis palabras:
"Ay qué flojera! Ay qué flojera!"

Apenas se movía cuando iban al mar
A bañarse desnudos en el agua
Pero él sólo miraba a las mujeres
Quitándose las jaibas de los senos
Saltando para que no les mordieran
Otras partes más nobles todavía
Por ejemplo el conjunto de los muslos
Más bellos que Brasil produjo un día

Macunaíma
Era el más bello, el más cabal de todos
"Ay qué flojera!"
"Ay qué flojera!, Ay qué flojera!"

Lo amaban las garotas
Porque era oscuro y tierno:
Tenía cada mano
Siempre dispuesta a dar
Un poco de resabio
Y también mucho fuego
Con sus dos negros labios
Con sus dos negros labios
Con sus dos labios negros

IV. Los espíritus de Comala

Vine a Comala porque mi madre me mandó
Que buscara a mi padre, llamado Pedro Páramo
Que habitaba una casa detrás de las colinas
Juré venir a verlo no bien la sepultáramos
Una vez sepultada me dirigí a Comala
Puerto muerto repleto de plácidos difuntos
Vagando por podridas veredas con jocundia
Y entrando a bares muertos para trincarla juntos

Nunca he visto en mi vida difuntos tan borrachos
Pero me integré pronto al tosco regocijo
Hasta que a un bebedor le pregunté si acaso
Conoció a Pedro Páramo y aclaró que era su hijo
"Así es que soy tu hermano y me llaman Abundio"
Agregó sin rencores y ningún embarazo
"Pero no se te ocurra buscarlo porque puede
Echarte de este mundo con un mero balazo"
"Pero yo ya estoy muerto, hermano Abundio" dije
"Y no puede seguirme matando ese canalla

Que abandonó a mi madre con apenas trece años
Sin su vestido oscuro y ninguna vitualla!
"Así lo hizo con todos" dijo serenamente
Secándose la frente con un paño embebido
"¿Y quién es este padre que mata a sus retoños?"
"Un hombre maltratado que vive un rencor vivo"

Como vio que sudaba con un sudor brillante
Me dijo que Comala era más que el infierno
Porque algunos que habían bajado hasta la fragua
Volvieron a buscar sus frazadas de invierno
"Mejor vete de vuelta, como se volvió Rulfo"
Yo le dije que Rulfo se había jugado la mala
Y aunque él no me creía le demostré con creces
Que Rulfo había muerto bajo el sol de Comala

V. Danza negra

Vine a lo largo del Mato Grosso
Y entré al Perú por el negro Iquitos
Tras remontar roncas cordilleras
En Machu Pichu dormí aymará

Veo pastando sobre la orilla
Del Urubamba, río de razas
Grandes peñascos desesperados
Trizando el cielo con su fragor

Un viento de violines
Agita tu vestido
Que sigiloso danza un danzón
De espejo a paredes
Son sobre el que te mueves
Estremeciendo mi corazón

En Cartagena de Indias estuve
Bajo una palma capeando el sol
Entre los fuertes amurallados
El agua urdía su seducción

Tiempo más tarde, en Margarita
Isla azotada por el calor
Hallé una boca venezolana
Llena de sombras, fuego y amor

VI. La morada de los cóndores

Un cóndor ve la Argentina
Sin alejarse de Chile
Mirando la pampa entera
Con sus duros ojos grises

Otro desde el Illimani
Mira el pico de Aconcagua
Y se agita ante el gigante
Cual bandera americana

El cóndor no tiene patria
O mejor tiene una sola
Desde el Norte al Sur desciende
Pluma negra y negra ola

El cóndor no reconoce
Más que la patria profunda:
Si no encuentra cordilleras
Rompe la tierra y las funda

La morada de los cóndores
Es vasta como un imperio
Construida entre las cumbres
Más vastas del Hemisferio

La morada de los cóndores
Es un lugar soberano
Instalada sobre el cielo
De los sudamericanos

VII. Invitación a los mares del sur

Ven a ver la luz que arrastra el mar bajo la luna
La luz que cava un surco y raya el agua con sus uñas:
A través de aquella ráfaga brillante y pura
Harás crecer tu corazón como medusa madura

Ven a ver el mar del sur y siente su bravura
Es un mar que quiebra duras rocas con su espuma
Es un mar que nuca duerme bajo la estrella nocturna
Es un mar que besa, muerde y mata con dulzura

Es un mar que oculta bajo sus errantes olas
El dolido hierro de barcos sin ataduras
La huella que no hallaron los capitanes de altura:
La historia de mi raza bajo brochazos de bruma

VIII. Canción de la verdad

Con la verdad es posible la vida
En la verdad nos haremos fecundos
Por la verdad curaremos la herida
Sin la verdad mataremos al mundo
Con la verdad curaremos al mundo
Sin la verdad mataremos la herida
En la verdad nos haremos fecundos
Por la verdad es posible la vida

Tras la verdad siempre habrá una mentira
Muy a pesar de nosotros mentimos
Somos un sueño que sueña la vida
Y un despertar en que todos morimos
Y un despertar en que todos vivimos
Porque soñamos grandiosa a la vida
Muy a pesar de la muerte vencimos
Pues la verdad subyugó a la mentira

2001

NOTA: Obra compuesta para el film cubano, "CANTATA DE CHILE",
de Humberto Solás, con música de Léo Brouwer, para solista, coro y
orquesta sinfónica, en 1974.

I. La marcha

Por donde al árbol no anduvo nunca
Donde la piedra repta madura
Y el horizonte represa arena
Donde el reposo es pirca de aluvia
Y una leyenda vieja la lluvia
Vienen estos zapatos

Por donde el ave no comparece
El sol verdugo prohíbe flores
El río niega sus fiestas curvas
El viento silba como ballesta
Y el frío caza a los cazadores
Resuenan estas voces

Rostro de cuarzo, pierna de cacto
Ojo de escarcha, labio sonoro
Vibrante, dura, nutrida muerte
Mano caliente, pecho enlutado
Mujeres y hombres multiplicados
En el camino de la huelga

¿Quién lavará esta sangre que desciende hasta Iquique
Engalanada con su flor de sal?
¿Quién cuidará estos huesos cuando los abandonen
Bajo la inmóvil fosa litoral?
¿Quien cerrará sus ojos
Si son ajusticiados
Y pondrá la memoria a recordar?

El que olvida prepara su futura derrota:
Hay que aprender a recordar

II. El círculo rojo

¿Y si ellos nos esperan con el rostro arrugado
Y ordenan que volvamos vencidos a la parda
Combustión de la arena donde
Está nuestra casa?

Jamás nos vencerán
Con una arruga

¿Y si ellos echan mano de su espada mortuoria
Y sumergen el viejo metal envenenado
En mitad de la arteria que
Guarda nuestra sangre?

Jamás nos doblarán con
Una espada

¿Y si ellos nos apuntan sus fusiles feroces
Y vuelven a la vieja costumbre sanguinaria
De apretar sus gatillos contra
Los desarmados?

Jamás podrán matar
Nuestras razones

III. Sonata solidaria

Propongo que con agua y con cenizas
Construyamos un pan interminable

Propongo que partamos este pan
En tantas bocas como tiene el pueblo

Propongo que con lágrimas y sangre
Preparemos un vino extenso y rojo

Propongo que sirvamos este vino
En una sola copa para todos

Propongo que ordenemos esta tierra
Como una cama multitudinaria

Propongo que durmamos apretados
Bajo una sola estrella que nos cubra

Durmiendo así, bebiendo así, mordiendo
Una misma sustancia solidaria
Vamos por fin a unirnos sin discordia
Frente al verdugo que nos niega todo

IV. MIS FRONTERAS

Mis fronteras no pasan por tu cumbre
Ni me separa un río de tu pueblo
Por más de alguna cuerda subterránea
Se junta tu garganta a mi garganta
Mi inquietud amanece en tu inquietud
Se comprende mejor con dos respuestas

Mis fronteras no encierran a tu pueblo
Ni me separa un vuelo de tu cumbre

Se reúne mi sueño con tu sueño
Se amanceba mi puño con tu puño
Se establece el rigor de la amistad
Gorjean dos palomas en su rama

Mis fronteras no borran el camino
Por el cual hallarás mi palomera
Si unimos nuestros ojos un instante
Veremos sin cejar la tierra entera
Veremos dos estrellas luminosas
Y también dos semillas en la vera

Mis fronteras no pasan por tu noche
Ni me separa un día de tu pueblo

Mi pensar se dirige a tu pensar
Por más de alguna grieta subterránea
La pregunta nos abre varios mundos
Que cerramos mejor con dos respuestas

V. Mi país fue vestido de paciencia

Mi país fue vestido de paciencia
Le pusieron la cruz en el ojal
Le acostumbraron la mejilla al golpe
Le podaron las alas cada día
Le apretaron el modo de pensar

Con un hilo de sangre se ha cosido este traje
Con un clavo de sangre dispuso del zapato
Con un chorro de sangre se lavó la corbata

Delgado como el humo es el cuerpo de Chile
Sin camisa en el Norte, ronco y roto en el Sur
Es la vena perfecta que desangra
Un invierno maldito en sus vinos repetidos

Le pusieron la cruz en el ojal

Aprended del rayo su fuego que desciende
Leed los signos, fotografiad las furias
Moved en la memoria
El ronco aprendizaje de la guerra

La Habana, Cuba, 1974

CANTIGA DE LA MEMORIA ROTA

Vino a nadar la playa entre mis rocas
El mar me ha contemplado ola tras ola
El barco ha timoneado mi carcasa
Y escucha mi rumor la caracola

El calor se despoja de mi lana
La oveja me trasquila en cada estío
Un padre bebe de mi vino brusco
Y mi madre se cuelga de mi avío

Un caballo y su espuela me cabalgan
Un camino me pisa diariamente
Los zapatos del polvo me han hollado
Y el sol me considera un inclemente

La tierra ha preparado mi piel llana
El arado me surca embravecido
El trigo ha dispersado mis semillas
Y el pan con diente claro me ha mordido

Un caballo y su espuela me cabalgan
Un camino me pisa diariamente
Los zapatos del polvo me han hollado
Y el sol me considera un inclemente
Que quema con sus rayos a la gente

El frío hace un chamanto con mi sangre
La boca de un aullido me proclama
La casa que me habita no me barre
Y sobre mi extensión duerme una cama

La puerta me golpea en busca de alguien
La lágrima me enjuga en dos pañuelos
Un espejo se mira en mis ultrajes
Y hay un libro que lee en mi desvelo

Un celaje contempla mi caída
El maleante comenta mi mal paso
Un país me ha buscado sobre el mapa
Y no ha encontrado nunca el menor trazo

Y esta herida me venda la amargura
Y la muerte se duerme entre mis brazos

1989

CANTINELA PEDAGÓGICA

La violencia nació suave
Los siglos la hicieron grave
¡Válgame!

La violencia nació enana
Se agigantó una mañana
¿Cómo fue?

La violencia tiene espada
Y los que la sufren nada
¡Que mal hecho!

La violencia es una forma
De renegar toda norma
De derecho

La violencia es fuego denso
Quemando un cuerpo indefenso
Todo el mundo eso lo sabe

La violencia con su azufre
Azuza al pueblo que sufre
Para que incendie sus naves

La violencia es un mal viento
Que sopla sin miramiento
Todo el año

La violencia es muy caraja
Pues siempre ha visto la paja
En ojo extraño

La violencia del Estado
Forma parte de un legado
Eterno

Aunque espante a la conciencia
La violencia es una ciencia
De gobierno
Para el poder de que os hablo
La violencia es un vocablo
Hueco

No se queje del espejo
—Dice un proverbio de lejos—
Quien tenga el hocico chueco

1990

CARTA A DON JOSÉ MIGUEL

El mar está frío y cubierto de brumas
El otoño viene con mano vacía
Y pudre las hojas de los calendarios
Mi Valparaíso
Te pierde diariamente
Desde que te cegó
El relámpago azul
De la revolución

Me preguntas si estás
Como un pálpito en mis venas
Y si siento en la piel
El metal de tus cadenas
Y si voy a esperar
La pasión de tu regreso
Porque quieres volver
A ganar o a perder
La batalla de tu pueblo

José Miguel: no temas por el tiempo transcurrido
El gladiador no sabe de reposos ni de olvidos
Y si esta vez
Te pierdes sin regreso en la emboscada
Yo seguiré por ti
—Tú me enseñaste así
Y trajiste hasta mí
La conciencia libertaria—

José Miguel: dijiste que un esclavo nada vale
Que una nación uncida a fiero yugo es despreciable
Que tenga fe
Porque hay rayos de sol en plena noche
Y hoy que amargo está el mar
Te quisiera entregar
Lo que te voy a dar
Impaciente y orgullosa
Cuando vuelvas de Mendoza

1969

CARTA ABIERTA AL INTERIOR DE CHILE

Por un talud abierto en la pared
Te estás mirando el ojo de tu pueblo
Para saber
Si eres aquel
Que empuñará las armas de Miguel

En el bosque florecen las primeras cenizas
Los volcanes crujientes amontonan el fuego
Con furor se preparan los futuros puñales
Y en la calle la sangre de los muertos estalla
Pintando en las murallas una orden.
Por eso:

Hay que preparar diez mil montañas
Encender el llano en llamaradas
Herir las esquinas ciudadanas
Y fundar el día en el país
Camaradas

En la unidad del viento está el motor
Que mueve la carroza del molino
En la unidad del agua va
La fuerza que alza en fiebre al huracán

El trigal es más bello cuando suma la espiga
Los hielos no perforan el conjunto del monte
El torrente arremete como un toro furioso
Porque en brusco alarido multiplica la espuma
Y así todo es tan claro de enseñanza.
Por eso:

Hay que preparar cien mil montañas
Incendiar el llano en llamaradas
Torcer las esquinas ciudadanas
Y forjar el día en el país
Camaradas

El timonel no sólo escrutará
De noche el mar: tendrá que adivinarlo
Inmemorial
El barco irá
Bajo esa mano que abre el temporal

Pero no hace de mando ni timón quien no apura
La profunda victoria que despierte a la raza
Quien no estudia la dura proclama de la pólvora
Quien no junta su pecho con el pecho del pueblo
Quien no forja en la lucha su destino.
Por eso:

Hay que congregar cien mil montañas
Retorcer el llano en llamaradas
Doblar las esquinas ciudadanas
Y crear el día en el país
Camaradas

1974

COMO UN LADRÓN

Como un ladrón que penetrando por tu huerto
Alcanzó la amada fiebre de tu dulce corazón
Así mi amor rompió tus muros más altivos
Y se arrodilló en tu pecho para domar tu razón

Como un ladrón que anduvo a tientas por tus venas
Revelando a cada paso una resuelta tentación
Así mi amor alzó estandartes de victoria
Y acabó por envolverte en una cálida emoción

Como un ladrón que te mirara desde un hueco
De la sombra y te robara una sonrisa para mí
Así mi amor te capturó entre sus dos labios
Y te atrajo tierna y muda hasta mi altivo frenesí

Como un ladrón que te siguiera por las calles
Esperando que cayera en el asfalto algo de ti
Así mi amor fue completando tus dos vidas
A sabiendas de que el otro perdería tanto así

Como un ladrón que conociera tus historias
Y me las contara triste pues también te amaba ya
Así mi amor peleó a cuchillo tu tardanza
Convencido que conoce lo que toma y lo que da

Como un ladrón que vigilara noche y día
Para conocer tu mundo de misterio y vanidad
Así mi amor fue dibujando su armonía,
Extendiéndote sus redes en legítima ansiedad

Como un ladrón que interfiriera en tus derechos
No entendí que era otra cosa la noción de tu verdad
Y así mi amor se quedó ciego en el silencio
Cuando desapareciste y nació mi soledad

2002

CON LA RAZÓN Y LA FUERZA

Desmiento que se haya dicho
De todo en la poesía.
Desmiento que hayamos hecho
Temblarles la alevosía.
Presiento que si se hallaban
Tranquilos hasta este día
Vendremos a dar al cuerno
Con su redonda porfía,
Que el canto entona desde ahora
Cosas bravías.

Con la razón y la fuerza
Vamos a abrir la ventana
Para que florezca el tiempo
Ferviente de la mañana
Y aclare los sentimientos
Su resolana,
La clara gana
Que alerta mana
Su luz temprana,
La resolana.

Presumo que hablamos hondo,
Presumo que andamos lejos,
Presumo que en la experiencia
De otros pueblos va el consejo.
Que no hay duda que nos curve
La línea del entrecejo,
Que honraremos la victoria
Antes de llegar a viejos,

Con la razón y la fuerza,
Duro y parejo.

Barriendo a los traidores
Los pueblos son como mares,
Que azotan contra la costa
Sus furias y sus pesares,
Batiendo contra el infame
Que hirió los lares,
Los militares
Y sus azares
Los populares
Son como mares.

La Historia canta conmigo
Su deslumbrante sentencia:
Con la razón y la fuerza
Viene a abrirme la conciencia,
Con la razón y la fuerza
A dotarme de paciencia,
Con la razón y la fuerza
A ilustrarme con su ciencia,
Con la razón y la fuerza
¡Qué hermosa herencia!

Girando, los tornasoles
Nos muestran el sol radiante,
Nos dictan el tiempo de ahora,
Nos leen el tiempo de antes,
Y abriendo con luz la ruta
Los militantes,
Con el desplante
De un arrogante
Joven gigantes:
Los militantes.

Ginebra Suiza, 1982

COPLAS DE CONTRA ATAQUE O
COPLAS DEL PRISIONERO UNIVERSAL

Dedicado a Pancho Coloane

Si se me priva del sorbo
Que escancia el lagar del libro
Leo a la luz de mi corvo
Y vibro

Si se me cortan las cuerdas
Y hacen trizas mi canción
Toco con la mano izquierda
Un son

Si meten llave a la roja
Sala en que aprendí a danzar
Bailo en una cuerda floja
Hasta volar

Si se me pone un candado
Y me engrillan el reclamo
Me paro sobre el tejado
Y bramo

Si una piedra se me envía
Y ponen el cuarto a oscuras
Lo alumbro con poesía
Pura

Si es que todo escrito apura
La iracundia de los duros
Yo redacto mi escritura
Sobre el muro

Si alguna ley dictadora
Me busca al sol que me alumbra
Hago mi canto más duro
En penumbras

Si con la ley del embudo
Me arrojan tras muro y teja
Canto mi canto más rudo
Tras las rejas

Si es que una casta de escorias
Me hace desaparecer
Recurriendo a las memorias

Vuelvo a ser

Y si echan mi cuerpo yermo
Bajo tierra de cultivo
Siembro la tumba en que duermo
Y vivo

1986

CORAZÓN DE PIEDRA NEGRA

Aquí están mis cinco dedos
P'al que los quiera estrechar:
El que habla se va a marchar
Como se marchan los vientos
Les dejo mi sentimiento
Por si quieren recordar:
Yo tengo que caminar:
Si vieran cuánto lo siento

Corazón de piedra negra
Puño de fierro colado
Galopar de potro alzado
Y la quisca bajo el brazo
Me vine bordeando el paso
Sin que me pare un corral:
Yo nací fiero y fatal
Y ando del alba al ocaso

Soy cóndor de serranías
Soy nave que va al garete
Soy eco de viento y voz
Tu boca me paró un día
Tu olvido me hizo jinete
Y hoy paso y te digo adiós

Los caminos que recorro
No tienen dónde morir
Entre llegar y partir
En alas de mi desvelo
Del monte agarro tu pelo
Del arroyo tu cantar
Por si en la hora de sangrar
Me hiciera falta un consuelo

Soy cóndor de alto flechaje
Soy barco que no naufraga
Soy voz de viento mayor
Tu boca me paró el viaje
Me heriste una noche aciaga
Y hoy galopo mi dolor

1967

CORRIDO DE ANACLETO MORONES

Estoy seguro que Juan Rulfo dejó escrito
Que vivió un tipo al que llamaban Anacleto
Por más señales bautizado fue Morones
Aunque la gente lo apodaba «El Hueso Inquieto»

No hubo comadre en los linderos de Comala
Que no juntara con Morones sus caderas
Pues el jodido les daba agua de arrayanes
Para mojarlas de muchísimas maneras

Era un artista para hacer que le cedieran
Las buenas cosas que las viejas ocultaban
Pero Anacleto lo tomaba como un juego
Que desde niños todos juntos ya jugaban

Al mero atisbo de una vieja tras la cerca
Ni se acordaba del marido el calavera
Y le acercaba un jarro de agua de arrayanes
Pa' darle ganas de subirse las polleras

Un día en que se hallaba el macho jugueteando
Llegó a su casa el conviviente de la osada
Y al escuchar ciertos suspiros tras la pirca
Se allegó un poco para otear lo que pasaba

Al ver la escena en que Morones se atareaba
Con su mujer, que lo tenía en el regazo
El hombre extrajo su pistola bien cargada
Y a los adúlteros secó de diez balazos.

Murió furioso el lacho Anacleto Morones
Considerado el mero amante de Comala
El hueso inquieto agonizando en su comadre,
Y el espinazo muy maltrecho por diez balas.

Por eso mismo estoy seguro que Juan Rulfo
Describió a un tipo al que llamaban Anacleto,
Que por más señas bautizado fue Morones,
Aunque la gente lo apodaba «El Hueso Inquieto»

2003

CRIANDO CUERVA ME HALLABA

Criando cuerva me hallaba
Sin entrar en la sospecha
Cuando me arrancó los ojos
Cuando me arrancó los ojos
Y perdí la luz entera

Y perdí
La luz
Entera

Con pupila entera miro
A la plena luz del día
Pero ya se había borrado
Pero ya se había borrado
La que tanto yo quería

La que tanto
Yo
Quería

Quería morir de veras:
Mi pecho partió un sollozo
Pues la cuerva que criaba
Pues la cuerva que criaba
Se fue y me llevó los ojos

Se fue
Y me llevó
Los ojos

1969

CONCIERTO DE TREZ-VELLA

Llegas de memoria construyendo el día.
El día te corta la sangre con fuego
El fuego te lame la piel aterida
Aterido espero con pulso de ciego
Ciegos nos caemos al bosque y al musgo
El musgo tirita bajo nuestro peso
El peso de tu ancha soledad me aplasta
Aplasta un vibrante solsticio sin miedo
Y así, miedo mío te decoro de hombre,
De sueño, de niebla, de sol y sosiego.

Sosiego tu carne trenzando tu boca
Con mi boca brusca que finges cautiva
Cautiva tu cuerpo mi sustancia amarga
Amarga me tragas de pronto vencida
Vencida en mí pecho, tu caudal de mundo
Con mundial cadera, me cedes segura
Y seguramente me arrancas prodigios
Me arrancas de cuajo la lava madura
Me arrancas de sobra la corteza heroica
La corola, el tallo, el estambre y la altura.

En el vientre claro del verano cantas
Canta una cigarra su cigarrería
Cigarreando herimos la luz concluyente
Concluyo caníbal de almorzar tu vida
Mi vida te amarro sobre los cabellos
Que bellos combaten la sombra agresiva
Y agredimos juntos el parco retorno
Por la misma senda que huele a ceniza
Y así nos guardamos de nuevo en destierro
Y en destierro erramos con la terca herida.

<table>
<tr><td align="center">1</td><td align="center">2</td></tr>
<tr><td>

Porque estamos tan lejos de
La tierra en que la luz abrí,
La tierra en que la lluvia me regó
La tierra que te di.

</td><td>

Una paloma muerta me llamó
Una gaviota muerta me gritó.
Una calandria muerta me cantó
Una canción atávica voló.

</td></tr>
</table>

3

Porque de tierra clara soy.
Porque la necesito donde estoy.
Porque cada mañana te la doy.
Porque la llevo donde voy.

El hombre es un árbol de raíz soleada
Y cálido temple.
Su canto industrioso surgió de la nada
Al viento terrestre.
Su limpio trayecto capaz de memoria
Maduró con creces.
Pero como el fruto que el puño desgaja
Se seca y perece,
Al ser arrancados de la tierra-madre
Los hombres se mueren.

Nosotros vagamos a miles de millas,
A siglos rabiosos de un país concreto.
Por eso, si acoso tu boca en Trez-Vella,
En verdad yo beso a mis hermanos muertos,
En verdad entibio la sangre indefensa,
En verdad maldigo a sus sepultureros,
En verdad convoca a los libertadores,
En verdad doy gracias al que está despierto,
En verdad yo beso la espada que mata
Y matando acaba con los carniceros.

Recobra conmigo los días terribles:
Vuelve de repente, de bruces, de asalto,
Únete a mi rabia para hacer dos rabias
Únete a mi cuerda para hacer dos arcos.
Cuidemos el árbol crecido en la sangre
Porque toda flecha es hija de aquel árbol,
Hagamos un largo collar con los huesos,
Los sueños la espera, el destierro, las manos,
Juntemos los mutuos rencores rugientes:
Rujamos unidos este abecedario.

<table>
<tr><td align="center">4</td><td align="center">5</td></tr>
<tr><td>

Porque estamos tan solos con
La herida en que la luz perdí,
La herida en que la sangre me humilló,
La herida en que morí.

</td><td>

Pero de tierra clara soy,
porque la llevo donde voy,
porque cada mañana te la doy
Porque la necesito donde estoy.

</td></tr>
</table>

Una vez que asumes tu convicción y sabes quién eres,
Una vez que plantas tu corazón y sabes quién eres,

Una vez que educas tu vocación y sabes quién eres,
Una vez que agrandas tu desazón y sabes quién eres,
Una vez que muerdes tu decepción y sabes quién eres,
Una vez que pactas por la ilusión y sabes quién eres,
Una vez que te hartas de la traición y sabes quién eres
Una vez que te armas con la pasión y sabes quién eres.
Una vez que matas por la verdad y sabes quién eres,
Una vez que mueres por la unidad y sabes quién eres,
Una vez que ensanchas la claridad y sabes quién eres,
Una vez que rompes con la piedad y sabes quién eres,
Una vez que rasgas la soledad y sabes quién eres,
Una vez que incendias la oscuridad y sabes quién eres,
Y dejas de amar, tu seguridad y sabes quién eres,
Puedes combatir al senil rufián para que sin gloria
Vuelva al basural del que se escapó
Manchando la historia.

6

Porque estamos seguros que
La tierra que la muerte arrinconó
Y de un caudal de muertos inundó,
Con un cuerno de caza nos lloró.

El amor sucumbe si el dolor no integra
Su harina crujiente en el pan maduro.

Y hasta el pan sucumbe si el hombre no entiende
Que la vida está hecha de cerebro y puño.

El puño arremete la materia indócil,
Confiere y modela su forma al futuro.
El cerebro poda la idea de aristas,
La labra y la escribe con barro y con humo,
Y así es que sabemos que el hombre desciende
De un viejo combate
Y sin hombre no hay mundo.

Apaga esa estrella que espero unos barcos
Que suben sonando del sur a mi encuentro,
Estrújame soles que hablen de trigales
Porque en mi tardanza se agacha otro invierno,
Deja que me acueste sobre tu hombro grave,
Triza mi memoria con un gesto tierno,
Téjeme una espera con muelles y mares
Y volcanes vivos y árboles secretos.

Y pídele al mapa que te cuente un rumbo
Para que podamos morir de regreso.

Trez Vella, Francia, 1986

CORRIDO DE LA SOBERBIA
(MACHISTA Y VENGATIVO)

Escucha tú que eres la dueña de este mundo
Pues yo estoy dentro de este mundo donde mandas
Soy nada más que un bardo altivo y vagabundo
Que sabe siempre claramente por donde anda.

En los vagones de este tren que es el vivir
Viajas en clase de primera, alta la frente
Yo vago a pie con mi rutina de morir
Y hasta mi muerte va en tercera solamente.

Andas del brazo por la vida con la buena
Y tus caminos suben siempre como escalas
En mi existencia duermo apenas con la pena
Y si me cuelgo de una estrella es de la mala.

La playa, el sol, el mar, la luz costeña
Son esas joyas con que adornas tu relajo.
El frío, el polvo, el viento, el trago son mis señas
Y la fatiga mi corona de trabajo.

La trasnochada se inventó para tus besos
Y en muchos brazos amaneces mensualmente
A mí la noche me congela hasta los huesos
Y ni las copas te me arrancan de la mente.

Así transcurre tu dorada complacencia
Y así también mi repetida incertidumbre
Me haces creer que nos separa la decencia
Cuando en verdad nos tiene lejos la costumbre.

Hasta que un día se den vuelta los papeles
Y nuestras rutas se nos
Vayan acercando
La vida busca come el agua los niveles
Cuídate bien porque el momento está llegando

1998

CUANDO ME ACUERDO DE MI PAÍS

Cuando me acuerdo de mi país
Me sangra un volcán

Cuando me acuerdo de mi país
Me escarcho y estoy

Cuando me acuerdo de mi país
Me muero de pan
Me nublo y me voy
Me aclaro y me doy
Me siembro y se van
Me duele y no soy
Cuando me acuerdo de mi país

Cuando me acuerdo de mi país
Naufrago total

Cuando me acuerdo de mi país
Me nieva en la sien

Cuando me acuerdo de mi país
Me escribo de sal
Me atraso de bien
Me angustio de tren
Me agrieto de mal
Me enfermo de andén
Cuando me acuerdo de mi país

Cuando me acuerdo de mi país
Me enojo de ayer

Cuando me acuerdo de mi país
Me lluevo en abril

Cuando me acuerdo de mi país
Me calzo el deber
Me ofusco gentil
Me enciendo candil
Me encrespo de ser
Despierto fusil
Cuando me acuerdo de mi país

La Habana, 1974

DÉJAME SER

Déjame ser el hombre que te abrirá en ventanas
Llenas de luz amada, completa y diferente
Déjame ser tu sombra, tu escala, tu estatura
Y completar tu boca con mis labios ardientes

Déjame ser el aire que respiras temblando
Y el fuego del sol que arde en tus pechos candentes
Déjame que reciba tu vida en pleno orgasmo
Pero no te me vayas con viaje indiferente

No me dejes, no me hagas morir enamorado
Ni pidas que se pierda tu mano que me alumbra:
Mi corazón no admite los instantes robados
Porque has sido hasta ahora el sol que me deslumbra

Déjame ser el río que moja tus rodillas
Tu sexo, tus caderas, con agua encandilada
Déjame ser el bosque que te acoge temblando
Y la hojarasca donde reposa tu pisada

Déjame ser el lecho en que tu cuerpo duerme
Y el lugarcito donde te apoyas en la almohada
Pero no me abandones como a un perro perdido
En esta noche hambrienta, bestial y enamorada

2010

DE PASCUA LAMA

Se mueren los glaciares de muerte lenta
El glaciar nació altivo y era agua pura
Pero muy pronto el hombre
Puso la soga en el cuello del agua
Como si fuera de hiel artera.

Arde el aire del mundo, el calentamiento,
Y los glaciares sufren ancho tormento,
El calor los golpea sin miramientos
Y a ojos simples se esfuman con descontento,
Con descontento.

El agua es para el hombre fuente de vida
Nadie vive si el agua termina herida
Nadie vive si el agua se hunde en el suelo
El agua es para el hombre vida y consuelo
Regalo y cielo

Paren la alevosía, busquen más lejos,
Que Pascua Lama existe como un espejo,
De luces aurorales, bruñido y viejo
Sobre el desierto pardo y el negro puerto,
Negro reflejo.

El agua es para el hombre
La bienamada
Pero podría hacerse
Copa vaciada
Si no alzamos el puño
Contra el abuso
De cambiar los glaciares
Por oro sucio,
Por oro sucio.

2010.

DE REPENTE

De repente me vi preso en el telar que me envolvía.
No podía con las ganas de saber lo que tú hacías.
No es que fueras la absoluta propiedad de mi cariño,
Mas los celos alumbraban mi dolor como el de un niño.

De repente comprendí que te quería demasiado,
Que la vida es tan sólo aquel instante desdichado
En que nada nos aparta de un amor desesperado,
Y la duda nos sacude con afán atormentado.

De repente me vi solo ante el espejo, frente a frente,
Y me dije que el dudar nos va volviendo indiferentes.
No maldigo los instantes que viví solo contigo,
Aunque creo que de tu alma debí ser solo un testigo.

De repente me di cuenta que la vida es densa y fuerte,
Que de pronto nos asalta la ignorancia del olvido,
Y nos mueve la infecunda soledad de lo vivido.
Y nos falta la durísima experiencia de la muerte

1998

DESAPARICIÓN DE JOSEFINA

Por ser esta noche otra
Cruel vigilia en tantos meses
Quiero hallarte en un susurro
Igual como tantas veces

Con septiembre ardió de sangre
La ciudad que ya no tienes
Con la espera se hizo sombra
Tu presencia en las paredes

Rompe el buitre sanguinario
Tus regresos cada viernes
Siembra el buitre tus destierros
En el surco de los trenes

Yo no sé si tus ausencias
Duren años, duren meses
Ya no sé dónde clavarte:
Si en caminos, si en andenes

Tal vez un día te tuve
Tal vez te perdí por siempre
Tal vez nunca abrí tu puerta
O tal vez jamás la cierre

Trepé los cuerpos más altos
Mordí cien pezones breves
Me hice hallazgo en brazo extraño
Patrullé otra greda ardiente

Y ahora el tiempo me hace duda
La certeza de tu vientre:
Con el tiempo el calendario
Dejará de dar las siete

Un fusil que habita sombras
Hace fuego a los lebreles
Y la sombra de un soldado
Mata tu sombra y la enciende

1973

DÓNDE ESTÁN

¿Dónde están
Los cementerios que la luna vio
Cavar secretamente en el horror
De un tiempo pleno de furor?

¿Dónde están
Los indefensos que mató aquel mal,
Bajo la escoria de qué basural,
Bajo un secreto tan brutal?

¿Dónde están
Sus cuerpos rotos y su soledad,
Sus almas muertas lejos del calor
De sus amores?

¿Yo les pregunto: dónde están?
¿Yo me pregunto: dónde están?

¿Dónde están?
Qué enorme ausencia nos abrió ese ayer,
Qué indiferencia antes de padecer,
Qué odio imposible de entender.

¿Dónde están
Los cementerios que la luna vio
Cavar secretamente en el horror
De un tiempo pleno de furor?

1999

EL ANDARIEGO

Cruzando por Nacimiento
Un día la hube de hallar
Cabellos color de trigo
Ojazos claros
Besos de pan
Al mirarla comprendí
Que me había de enredar
En la parva de su pelo
Y en los relumbros
De su mirar

En Nacimiento
Me fui a cegar

Estero que nos llamaba
Bordeando el atardecer
P'a darnos un traje nuevo
De agüita clara
Al oscurecer
Ay vinito de su piel
Arrayán de cobre y sol
Que bebí por vez primera
En los relumbros
De su arrebol

En Nacimiento
Brillaba el sol

Los ojos que me miraron
Por mí ya no brillan más
Paloma de greda oscura
Murió en mis manos
Al anidar
Con besos que me quemaron
El alma le dije adiós
Y agarré luego el camino
Que a ella me trajo
Que me alejó

En Nacimiento
Oscureció

Carretero sin carreta
Jinete sin alazán
Yo parto cada mañana
Pero no tengo
Donde llegar
A mí me gusta ser libre
—Si vivo de andar y andar—
Llevando la herida abierta
Aquí en mi pecho
Por su mirar

Por Nacimiento
No paso más

1965

EL CANTO DE LOS GALLOS

Verías si volvieras
Varados en el polvo
Tus pies sobre el camino

Y huellas de los pájaros
Y estelas en las charcas
Que parten de mi puerta
Sangrando su delirio
Al modo de los gritos

Por el canto del gallo
Yo escuché tu partida
Labrada con los signos
De dos pies solitarios
Perdiéndose tan lejos
Que apenas ya descifro
Tus andares de olvido

La nieve del invierno
No pudo con tus huellas
Vaciadas en los campos

Ni pueden los aromos
Mentir sobre tu pelo
Ni puede el puelche fiero
Tergiversar tus voces
Derramadas volando

La casa es pues la jaula
De ventanas abiertas
Al canto de los gallos
Y en el jardín la ortiga
Guardó la última gota
De sangre de tus manos
Temblando como el llanto

Tu rastro en el camino
Se lleva cada día
Lo que quedaba vivo

Se lleva por ejemplo
Tus besos en el alba
Se lleva la guitarra
Quebrándole el sonido

Y deja el sacrificio
De defender tu cara
De asedios y de olvidos

Y así es que la memoria
Enciende cada noche
La luz de su pabilo
Y te sorprende el canto
De los gallos conmigo

1970

EL CHE

Al bordo del pasado yo atravesé los páramos
Los bosques solitarios, la vastedad salvaje,
Un crepúsculo en llamas, el glaciar imperfecto
La dentellada pura del vendaval andino
Hasta este Valle Grande para encontrar al Ché

Aquí caminó alzando sus pródigos vocablos
Rehizo muchas veces los múltiples caminos
Palpó el amargo musgo de las conciencias muertas
Y construyó en su carpa las luces aurorales
Las vidas y los sueños de la victoria siempre

El orgulloso visionario, el gran demiurgo latinoamericano
El hondo capitán llamado a restaurar el orden de la vida
Paciente como una semilla, se propagó sobre el tiempo y la memoria
Se hizo alfabeto, orgánico y rebelde
Acrisoló los hornos del deber

Fue el Ché el que despertó a los pueblos
Llenando de altos martillos la mañana
Fue el Ché el que levantó los cantos
Entre metralla y ráfagas de muerte
Fue el Ché el que con su estrella ardiendo
Hizo estandartes del fuego que rugía
Hizo constante el peso de la aurora:
El Ché escribió las leyes del futuro

Pueblo es la tierra
Pueblo la semilla
Pueblo el agua, la siembra
El viento y el molino
Pueblo es la letra, pueblo la ventana
La cosecha, la escuela, el canto y la palabra
Y suyos son los combates
Suyos los deberes
Y el derecho incesante
De alumbrar la tierra
Con el incendio de las cárceles.

Trez Vella, Francia, 1997

EL CAUTIVO DE TIL-TIL

Por unas pupilas claras
Que entre muchos sables
Viera relucir
Y esa risa que escondía
No sé qué secretos
Y era para mí
Cuando altivo se marchó
Entre gritos de alguacil
Me nubló un presentimiento
Al verlo partir

Dicen que es Manuel Rodríguez
Y que se lo llevan
Camino a Til-Til
Que el Gobernador no quiere
Ver por La Cañada
Su porte gentil
Dicen que en la guerra fue
El mejor y en la ciudad
Lo llaman el Guerrillero
De la libertad

Sólo sé que ausente va
Que lo llevan los soldados
Que amarrado a la montura
La tropa lo aleja de su General

Sólo sé que el viento va
Jugueteando en sus cabellos
Y que el sol brilla en sus ojos
Cuando lo conducen
Camino a Til-Til

Dicen que era como un rayo
Cuando galopaba
Sobre su corcel
Y que al paso del jinete
Todos murmuraban
Su nombre: Manuel

Yo no sé si volveré
A verlo libre y gentil
Sólo sé que sonreía
Camino a Til-Til

1966

EL CIUDADANO

El ciudadano se despierta al alba
La ciudadana se despierta al alba
Bajan los dos por altas escaleras
Dejan atrás cornudos edificios
Que rompen en dos gotas la mañana

En la ciudad florecen alaridos
Torea el humo contra la estampida
Truena el tanque bastardo en la alameda
La sangre pone al sol su ojo en neblina
Y hay muertos arrastrados por las lágrimas

¿Cómo expresar la furia que me embarga?
¿Cómo doblar las manos homicidas?
Y cómo refugiar entre mis brazos
A tanta gente que huye en vastas recuas
¿Laceadas por la maldición del siglo?

El ciudadano yace sobre un puente
La ciudadana yace bajo el agua
En la ciudad se apagan los sollozos
En la alameda escucha un gran silencio
La libertad se enoja y se suicida
Como otras tantas veces en que dio
La vida

1973

EL COMPAÑERO

Una luna vacía me mira desde los cielos
Y yo, estribando corto, como un ladrón me voy yendo
Porque bebí el sabor de una ternura con dueño

Ojos oscuros tuve brillando como luceros
Y una trenza retinta que iba aleteando en el viento
Cuando llegué a su casa con mis pesares de invierno
Y mi sangre entibió sus dulces brazos abiertos

Sus dulces brazos abiertos

A veces me pregunto si me esperaba tan lejos
Escondida a la sombra de mi viejo compañero
Como la fiera aguarda vadeando sombra al viajero
Para saltarle al alma con diente y garra mordiendo

Tanto burlar tranqueando la torrentera y el cerco
Para caer de noche encimita de sus pechos
Y en sus ojos oscuros hacer nidal para el sueño
Cuando toque a su puerta con mi bagaje de invierno

E hice un nidal para el sueño

Por esas rutas largas que anduvimos con esfuerzo
Y esas lunas mordidas que zurcen los pensamientos
De su casa me aparto con el dolor en los huesos

Yo no quería tocarla y se me metió en el pecho
Se me enredó en la sangre
Se me apialó en el deseo
Y en sus dos pechos duros hice el nidal de mis sueños
Cuando al monte trepaste para esconder los troperos

Perdóname, compañero

1968

EL EQUIPAJE DEL DESTIERRO

Tú me preguntas cómo fue el acoso aquel que obtuve
Metes la lengua en mi cabeza, en mi pensar, en mi algo

Y bien: te dejo suponer que abandoné mi pueblo
Que huí rompiendo el crudo umbral como un puma aterrado
Pero yo te aseguro que no me han quitado nada
Pues de esta tierra no me podrán apartar

Pues, ¿cómo van a robar mi volcán con su volcana?
¿Desviar de mi alma el embocar del río con su ría?
¿Hacharme en el paisaje el árbol con su arboladura?
¿Quemar con un fósforo usual mi libro y su librea?
¿Untar el yatagán de mi dolor con su dolora?
¿Hacer aguar en temporal mi bote con su bota?
¿Batir en retirada mi conjuro y su conjura?

Vibrar la cuerda de mi solfeo
Con su solfear

Yo me pregunto cómo fue el acoso aquel que obtuve
Pones el ojo a hojear en la estación de mi memoria

Y bien: concedo que al final ganaron la batalla
Que falta conocer el resultado de la guerra
Pero confieso que yo no extravié un grano de polen
Puesto que de esta tierra no me podrán apartar

¿Pues cómo van a extenuar mi caso con su caza?
¿Adelgazar mi saco vecinal con su saqueo?
¿Uncir mi canto universal de grillo a su grillete?
¿Vaciar de contenido mi araucano y su araucaria?
¿Cavar con fúnebre placer mi tumbo con su tumba?
¿Frenar la turbulencia de mi gesto con su gesta?
¿El choque de mis esperantes con su esperadura?

El equipaje del destierro es mi maleta de humo
Pero sabemos que sin el fuego
Humo no habrá

1980

EL FARO

Tu cuerpo fue la nave de mis sueños,
Tus pechos un timón de doble auxilio.
Tu boca una angustiosa y dura proa
Que me condujo al fondo del exilio.

Por ti sé de ensenadas nunca abiertas,
Tu cuerpo fue la nave de mis sueños,
Por ti sé de un volcán de color rojo.
Por ti descubrí el faro secreto
Y una noche sin luz me llamó su ojo.

He navegado en ti como en un barco
Donde se concentraron mis pasiones.
Hice de tu alma un acto de mi vida
Para hacerte olvidar mis obsesiones.

La proa me condujo a tu arrecife
Y en el yo naufragué con alegría.
Puesto que amar es navegar sin rumbo
Y naufragar es lenta poesía.

Peto todo es inútil porque un barco
Traiciona al navegante sin reparos.
Si por tu capitán te preguntaran
Diles que lo cegó la luz del faro.

1998

EL FUEGO QUE CONSUME

Tus ojos crecen puros
En el reposo
Y en la penumbra tienen
Frescor de pozos

Pozos como ellos tuve
Sólo en mi infancia
Cuando acuné en mis manos
Agua y fragancia

Fragancia del amor
Cuando madura:
El nuestro no lo tocan
De tanta altura

Altura es la montaña
Que ayer trepamos
En torno nuestro ardían
Claros retamos

Retamos fue que puse
Entre tu pelo
Y era el bosque el que ardía
Su pecho en celo

Celos porque en mis manos
Te desmadejas
Y hay rumor de trigales
En tus guedejas

Guedejas que me llaman
Desde la almohada
Cuando la noche crece
En la hondonada

Hondonada profunda
Tu amor creciendo:
Mientras más lo recorro
Menos lo entiendo

1966

EL HACHA

El hacha nació amistosa
Cuando la forjó una mano
Que sólo buscaba airosa
Un poco de bosque sano.
El hacha cortó temprano
La leña que nutre el fuego
Donde se doraba ciego
El pan de todas las mesas
Y apostaba a la certeza
Del hambre saciada luego.

Con el paso de unos largos
Siglos de rasgos muy duros,
El hacha extendió su apuro
A las selvas en letargo.
Y allí comenzó el amargo
Tiempo, en que el bosque entreabierto,
Abrió la puerta al desierto,
Y el desierto a la sequía.
Y la sequía a los días
De chubascos tan inciertos.

El hacha se hizo violenta
Y ya no midió el hachazo:
Cortó de manera cruenta
Dejando los bosques rasos.
Mucho árbol cayó a su paso,
Muertos de mala fortuna,
Sin utilidad ninguna,
Y el bosque entró en cautiverio
Pareciendo un cementerio
Calcinado por la luna.

El hacha es un reloj hueco
Que marca la hora del bosque:
Y aunque de furia se enrosque
El páramo más reseco,
Y cambie el río su eco
Y el leñador su prenombre,
No cambia lo que por cierto
Consigue el hacha en su nombre:
El bosque precede al hombre
Pero lo sigue el desierto.

1994

EL JINETE ERRANTE

Dejé San Fabián de Alico una mañana de fuego
Debajo de alguna nube que pasaba por allí
Pues como yo soy así y casi nunca me allego
Me alejé de tu amor ciego para olvidarme de ti

Para olvidarme de ti, bebí un cántaro de olvido
Pues lo mucho que he vivido ya te lo había entregado
Mas como a un viejo candado que me tenía cautivo
Rompí el lazo que amarraba tu amor a mi amor cansado

De ti aprendí
El rudo amor desigual
Me bebí y mordí un sabio fruto total
Fue mí ser que halló tu fresca copa carnal
Pero al fin yo partí al trote de mi bagual
Creyendo que nunca más contigo iba a regresar

Para encontrarme contigo galopando un bayo de esos
Volví sobre tus parajes pensando como explicarte
Y me repetí el camino, pero esta vez de regreso
Pues no me encontré otro beso como el que quisiera darte

Yo aprendí de ti el rudo amor desigual
Me bebí y mordí un sabio fruto total
Fue mí ser que halló tu fresca copa carnal
Pero al fin yo partí al trote de mi bagual
Creyendo que nunca más contigo iba a regresar

Coplas del jinete errante que buscaba otro destino
Con ellas quiero pedirte que perdones lo mal hecho
Porque ya estoy galopando con sed de boca y de vino
Sobre este potro que sabe como voltearme en tu pecho

2000

EL MUELLE DE LOS SUEÑOS

El muelle de los sueños está desierto:
Ya se acabó la vida de sus maderos
El golpe de las olas en descubierto
Va dejando su pecho de embarcadero
Lleno de algas atroces que lo atormentan
Y de lluvia que cae con desconsuelo
Bajo crueles gaviotas que lo despiertan
Ese pequeño puño cogido al suelo
Nunca sabrá que andando
Ya de regreso
Hallé sobre sus tablas
Mi primer beso ay
Mi primer beso

El muelle de los sueños era un camino
Por donde de la mano vagabundeamos
Buscando el alba ciega del peregrino
Con veinte años a cuestas que ya doblamos
En la quietud oscura de los pilotes
Que golpean las olas con voz mojada
Donde nos escondimos junto a los botes
A vivir temblorosas horas robadas
Ha de quedar vibrando con suave peso
La espumita salada
Del primer beso ay
Del primer beso

1968

EL ORDEN DE LAS COSAS

Ya te lo dije el día en que abriendo las cadenas
Y liberando otoños se me escapó tu hastío:
Si yergues la memoria para escrutar tus venas
Encontrarás un duro dolor que es también mío.

Nadie podrá librarte de mi ciudad cerrada
Ni hará cal y cenizas de lo que fue una lumbre:
Cada vez que tus alas se plieguen fatigadas
Volverás a mi mundo cediendo a la costumbre.

Las noches que tú yazgas
Con otras gentes puedes
Considerarlas siempre
Como horas no vividas.
La soledad te acosa,
La noche se te arrima,
Tienes la luz muriente
Y el corazón en ruinas.

Vientos huracanados trabajan la embestida
Y frustrarán sin cese tu inútil escapada:
En el umbral he puesto mi lámpara encendida
Para que cuando llegues, la apagues a tu entrada.

1956

EL PACTO ROTO

Por todos los caminos de la noche te acercas
A lamerme los sueños, a sembrarme el insomnio
A mantenerme abiertos los párpados pesados
Y al aclarar el mundo me pregunto hasta dónde
Debí haberte dejado que entraras de repente
Por esa puerta abierta

De todo cuanto vuela sólo tuyo es el aire
De todo cuanto nada sólo tuya es el agua
De todo cuanto corre sólo tuyo es el polvo
Y se invierte la duda preguntándome ardiendo
Si tiene algún sentido que ahora quiera cerrarte
Aquella puerta abierta

¿Pero entonces, qué hacemos
Que no nos devolvemos
La mitad de la vida
Que tomamos del otro?
¿Y no dejas que entorne
La puerta y que me duerma
Con el alma quemada
Por tu pacto de fuego?

Por todos los caminos de la noche te acercas
Hecha de piedra y polvo, de pálidos pavores
De demora incontable, de sosegada angustia
Y sin embargo nada sucede y en mi pecho
Sangra un fulgor eriazo
Porque parece que andas
Pero no llegas nunca

1972

EL PIMIENTO

Junto a una mancha
De agüita clara
En la pampa de fuego
Hay un pimiento
Que creció un día
Verde sombra de ruego

De pie peleando
Noches y días
Solo contra los vientos
Iluminaba
Con la porfía
De un mudo sufrimiento

Yo le pidiera ay sí
Al que atesora
La jarra que agua encierra
Que la comparta ay sí
Para que vivan
Otros sobre la tierra

Los camioneros
Pasaban raudos
Con un fulgor de cobre
Pero al pimiento
Todos echaban
Un vaso de agua pobre

Y así la rama
Se fue estirando
Entre arenas y cielo
Para acogernos
Con la frescura
De su verde desvelo

Yo le pidiera ay sí
Al que atesora
La jarra que agua encierra
Que la comparta ay sí
Para que beban
Otros sobre la tierra

1967

NOTA: "EL SUEÑO AMERICANO" fue escrito entre los meses de marzo y abril de 1965, mientras se desarrollaba la intervención estadounidense en la República Dominicana. Originalmente constaba también de un texto poético de enlace entre las canciones, para voz femenina y masculina. El productor se negó a incluirlo en la grabación y el texto se ha perdido. "EL SUEÑO AMERICANO" es un intento por marcar algunos hitos de la historia social, militar y política de las tres Américas indias, utilizando formas folklóricas de la música negra, de la música de las Antillas y de la música sudamericana. Hoy, gracias a los nuevos soportes, podría hacerse un disco con veinticuatro canciones en vez de doce, pero en la época de su creación, resultaba imposible. Las canciones están ligadas entre sí por el tiempo y el espacio histórico y los textos cuentan y cantan. La obra fue grabada en el verano de 1966, aunque su estreno público se produjo en "La Peña del Mar", de Viña del Mar, dirigida por Osvaldo Rodríguez, en el verano de 1965. Tres años después surgirían las primeras Cantatas.

EL SUEÑO AMERICANO

I. El nuevo mundo

América dormitaba
—Largo gigante secreto—
Y un claro cielo de aurora
Velaba el verde misterio

Luego los hombres de cobre
En el fondo de los tiempos
Se repartieron la vida
E inventaron los senderos

Mujer mía, americana:
Quiero contarte y no puedo
Se me nubla la palabra
Con un dolor que ya es viejo

Ni tú ni yo éramos ojos
Ni éramos manos ni besos
Cuando en América ardían
Las razas del sufrimiento

Dulce fue ese Nuevo Mundo:
Dulce quiero tenerló!

Dueño de la selva pura
Antes del barco y del hierro
El indio labrando piedras
Alzó su casa y su templo

Fecundó la tierra oscura
Y allí brilló el grano espeso
Viento de mar lo condujo
Entre velas y maderos

Dulce fue ese Nuevo Mundo:
Dulce quiero tenerló!

Pero lo hermoso amor mío
De ese pasado ahora ha muerto
Como si al jarro de arcilla
Lo hubiera quebrado el viento

Quiero flechas fulminantes!
Quiero un arco duro y tenso!
Voy a cazar en las sierras
La libertad de mis pueblos!

Dulce fue ese Nuevo Mundo:
Dulce quiero tenerló!

II. La traición del mar

¡Tierra a la vista!
¡Tierra a la vista!
¡Tierra a la vista, Capitán!
¡Ésta es la India!

Costa de piedra, aire de fuego, sangre desnuda
Capitán:
¡Ésta es la India!

Así llegaron de lejos
Llegaron
Con las espadas de hierro
Llegaron
Con la Cruz de la Conquista

Llegaron
Y el corazón de mis pueblos
Trizaron

La pólvora abrió los surcos del dolor
El hierro cortó los labios del amor
La sangre volcó en la tierra su pavor
Y un frío polvo de espanto la paz cubrió

Oro a la vista
Oro a la vista
Oro a la vista
Capitán:
¡Ésta es la India!

Pecho a la vista, gloria en la mano, sangre desnuda
Capitán:
¡Ésta es la India!

Las manos que se empuñaron
Cortaron
Los tristes ojos oscuros
Cegaron
Los pies ligeros que huían
Quebraron
Y el puro pecho aborigen
Mancharon

Mar: ¿Por qué nos traicionaste?
Llegaron
Sobre tu lomo furioso
Cruzaron
A la mina mis hermanos
Lanzaron
Y al amor americano
Violaron

III. Canto esclavo

Mira mis manos, mi cara
Curtidas por tanto invierno:
En cada arruga de piedra
Yo llevo el nombre de un muerto

Mira mi espalda quemada
Por látigos carniceros:
En cada surco violeta
Yo guardo el grito de un muerto

Indio fue mi padre, Maya
Fue el padre de mis abuelos:
Desde México hasta Arauco
Hay un camino de muertos

Mira mis manos: con ellas
Arañé el oro sangriento:
Son manos americanas
Garras teñidas de duelo

Miles y miles de barcos
Se van por el mar abierto
El Siglo de Oro se eleva
Con piedras de sufrimiento

Soy el hijo de los hijos
De un esclavo de otro tiempo:
Tal vez también cuando crezca
Sea esclavo el hijo nuestro

Ay amor: cómo han teñido
De sangre las cosas nuestras:
La tierra que nutre al pan
La rosa que ahoga una estrella

El río de los barqueros
El camino de la selva
Los tristes sueños del indio
La paz del indio en su tierra

IV. LA NOCHE

Ave María Purísima:
La noche han dado y silencio

El rondar del guardián
Triza apenas la paz colonial
Su paso se aleja
Por húmedas callejas
Y en la noche quieta
Las voces del viento anidan después

Un negro carruaje
Cruza el empedrado
Y en la noche brilla la risa de alguna mujer
Noche de Santiago
Para los guerreros
Que con altanero
Desdén gobernaban en nombre del rey

¿Y el pueblo? Y el pueblo callaba
¿Por qué?

El rondar del guardián
Triza apenas la paz colonial
Su paso se aleja
Por húmedas callejas
Y en la noche quieta
Las voces del viento anidan después

Ave María Purísima:
La noche han dado y silencio

Cárceles de piedra
Llenaban la Patria
Y con mil cadenas cargaban al pueblo sin paz
Dueños de la tierra
Dueños de la vida
Los conquistadores colgaron al pecho
Del criollo un crespón

¿Y el pueblo? ¿Y el pueblo que ayer combatió?

Y el rondar del guardián
Triza apenas la paz colonial
Su paso se aleja
Por húmedas callejas
Y en la noche inquieta
Los ojos de un hombre lo miran perder

Ave María Purísima:
La aurora ya está naciendo

V. ALTALANZA

Adiós amor: a la lucha
Me está llamando el tambor:
Voy a teñir con la sangre
Mis manos de labrador

Altalanza, lanza al brazo
Buscaré la paz hermosa
Y al calor de la batalla
Arderá mi resbalosa

Adiós amor: guerrillero
Desde esta mañana soy:
Cuelga mi beso en tu boca
Y sabrás dónde estoy

Altalanza, lanza al brazo
Buscaré la paz hermosa
Y al calor de la batalla
Arderá mi resbalosa

Que nunca manches la pampa
De América ajenas gentes
Que sean nuestros la tierra
Aire y mar del continente

Altalanza, lanza al brazo
Buscaré la paz hermosa
Y al calor de la batalla
Arderá mi resbalosa

VI. Vidalay del montonero

En la luz de la fogata
Brillan tus ojos mirando
Y en el árbol el chubasco
Tu llanto me va dejando

Por toda América rueda
La guerra en carro impaciente
Y en la noche de la sierra
Yo temo por mis ausentes

Noche de los montoneros
Teñida con sangre y sombra
Noche de labios heridos
Por la lluvia azul que nombra

Yo no sé si la mañana
Vendrá de la Cordillera

Yo no sé si los fusiles
Me dejarán que te tenga

VII. Cuelgo el rifle y lo celebro

Ya vengo a hacerle las paces
Se acabaron las conquistas
Se acabaron las conquistas

Póngame tinta en los dedos
Pa' rubricarle la firma
Ya vengo a hacerle las paces

Desde aquí pa' delante
No hay más colleras:
Agarró aire en las huilas
L'arma extranjera

No hay más colleras, sí
Nos manejamos
Libres en nuestra tierra:
Somos los amos
Cumplí como le dije:
Cuelgo mi rifle

VIII. Ta' llegando gente al baile

Ta' llegando gente al baile
Desde el norte y de la Europa
Desde el norte y de la Europa

Recién se larga este siglo
Recién se cabrió el hispano
Y ya llega gente al baile

Me tinca que es el cobre
El que los tira
O el petróleo el que tienen
Puesto en la mira

Me tinca que es el cobre
El que los tira

El que los tira, ay sí
Y que entregamos
Y es la sangre perdida
La que olvidamos

Nos tumbaron el pingo:
Ya llegó el gringo

IX. Ya no somos nosotros

Aquí donde usted nos ve
Como dueños de la tierra
Pa' no morirnos de pobres
Pasamos la vida en guerra

Somos pobres, somos ricos
Nadie sabe lo que somos:
Con las penas de mi pago
Se secaron los aromos

¡Qué carajo! Apenas gritan
Que hay metal en el potrero
Viene el gringo desde el Norte
¡Lo saca y deja el a'ujero!

¡Qué carajo! Apenas gritan
Que me siento libertario
Me cambian la vestimenta
Por una de presidiario

La tierra parió a mi abuelo
Parió a mi padre y mi madre
Y al hijo que nació d'ellos
No hay ni perro que le ladre

Yo defiendo mi derecho
Que no es el derecho de otro
¡Pero carajo! Estoy viendo
Que ya no somos nosotros

Ya no somos de este valle
Ya no somos de este monte
Y todo lo que uno labra
Se va, usted sabe pa' dónde

Chacarera, chacarera
Chacarera de mi pago:
No me libro de esta plaga
Ni por más fuerzas que le hago

X. Zamba de la tierra

La tierra me dio tu cuerpo
Como pa' darme las gracias
Y yo te corté llorando
Antes que de ella me echaran

Yo soy lo labriego tuyo
Y era labriego en mi tierra
Pero tierra ya no tengo
Eres tú la que me queda

Murió sin agua el molino
El trigo se fue secando
Ahora la espiga de hierro
Del petróleo está brotando

Mi padre me dio la tierra
La tierra te dio a mi lado
No más me quedan tus ojos
Y la herrumbre del arado

Yo nunca pensé que un día
Con una ley en la mamo
Vendrían los extranjeros
A expulsarme de mi pago

Murió sin agua el molino
La tierra está sollozando
Ahora la espiga de hierro
Del petróleo está brotando

Ahora la espiga de hierro
Del petróleo me está matando

XI. Bolivariana

Quién me enseñó lo que canto
¿Quién me enseñó? No lo sé.
Pregúntaselo a la tierra
Que ella te va a responder
Lo que la tierra no enseña
Nadie lo puede aprender
Ay hermano que no miras:
Si alguien te enseñara a ver

Así como al hombre pudren
Entre barrotes y piedras
El bello rostro del llano
Con ciudades encarcelan
Pero la tierra de pronto
Revienta lo que la aprieta
Ay hermano encarcelado:
Si en sismo te convirtieras

Así también la colina
Por arado es degollada
Y en vez de morir sangrando
Sueño y voz por la garganta

De la herida que abrió el hierro
Surgen los frutos que cantan
Ay hermano: si aprendieras
A cosechar lo que plantas

Aprende lo que no sabes
Del agua que te rodea:
Por nubes corre en el cielo
Rueda en ríos por la tierra
Pero la mar en su seno
La junta y le da su fuerza
Ay hermano: abre tu pecho
Para otra vez cuando bebas

Humillados desde siglos
Seguimos desentendiendo
Y nos pasamos la vida
Separándonos con miedo
Mientras la fuerza enemiga
Se nutre de nuestro suelo
Ay hermano: si aprendieras
Que solos nada valemos

En la tierra americana
Sólo hay un muro que existe:
Al norte hay un pueblo alegre
Y al sur veinte pueblos tristes
¿Qué miraste en esta vida
Mi hermano, que no lo viste?
Aprende a ganar como hombre
Lo que nunca defendiste

XII. América novia mía

Morena América mía: litoral
El viento peina tu pelo de cristal
Tu pecho de tierra oscura, mineral
Ondula en el canto de oro del trigal

América novia mía: tomamé
Entre tus brazos mulatos cíñemé
En la boca tus dulzores viertemé
Y el pecho de resplandores llenamé

América novia mía: este cantar
Despierta el canto del pueblo en voz de mar
La libertad ha salido a navegar
Es hora de combatir y caminar

Morena América mía: con pasión
La sangre cubrió de flores el cañón
La hiedra del mal saltó a tu corazón
La selva vuelve a latir en la canción

América novia mía: con afán
Los dulces días antiguos volverán
Los rayos del alba un beso te darán
Las noches del forastero llegarán

1965

EL VIAJE

Sé de los camioneros que en las horrendas
Mañanas del invierno van por las sendas

Y sé de los pastores que en las montañas
A las fieras entregan cabras y entrañas

Sé de los marineros que en mares rasos
Naufragan en el sueño de los sargazos

Y sé de los metales que con esmero
Buscan bajo la tierra cien mil mineros

Sé de la vida nueva que arde en el vino
—Que es el sudor de sangre del campesino—

Y sé que para hacer que mi voz naciera
Fue preciso que alguna a mí me pariera

Alguna fue mi madre —¡qué duda cabe!—
Con su pecho de espuma y su canto de ave

Y ahora al final de todo
Torcaza altiva
Yo le agradezco porque me dio repleto
Un corazón con llamas
Que siguen vivas

1969

EL VIAJERO EN INVIERNO

Amor: con tal invierno el viaje es largo:
Moja la tierra un agua sin acento,
Se acurrucan los pájaros desnudos
Y como espada ataca el hielo hambriento.

Amor, amor, en este invierno cruento,
Te busco, solitario, helado y mudo,
Golpeado por la lluvia infatigable,
Herido por el viento artero y rudo.

Me acerco a ti y presiento que me acerco
A otro invierno, más duro y humillante,
Capaz de cortar todos los caminos,
Y de negar la mano al caminante.
A siempre vista el viaje será eterno:
No puedo comprenderte, pues nunca antes
Me cercó un horizonte tan cerrado,
Y un ardor de morir tan incesante

1998

ELEGÍA PARA UNA MUCHACHA ROJA

Para Gladys Marín

Nació en un pueblo donde el sol
Llueve su lluvia de hidromiel
Donde los trenes sobre el riel
Manchan con humo el arrebol
Y la naranja es un farol
Que multiplica luz frutal
Y en que la abeja colosal
Trota los aires con pasión
Para guardar en un cajón
Rubios misterios de cristal

Fue un largo invierno su niñez:
Hambre y distancias que borrar
Con los cuadernos de escolar
Y las heridas en los pies
Peregrinar de cuando en vez
Más y más lejos del hogar
Sin un madero que quemar
Sin una mano que coger
Sin una luz que defender
Pero una llaga que cerrar

Así creció la compañera
—Áspera llama combatida—
Siempre golpeada y ofendida
Por una ráfaga de cera
La compañera

Se la tragó la gran ciudad
Con tanta ropa que lavar
Con tanta leña que cortar
Con tanta gris necesidad
Hizo trabajo de verdad:
Sirvió en la mesa del gandul
Cosió en un siglo un traje azul

Estuvo un día sin bordar
Y guardó el tiempo de soñar
En lo más hondo del baúl

Entonces vio la compañera
Que había un mundo que cambiar
Que era preciso batallar
En busca de la primavera
Y con revuelta cabellera
Y con dos manos desgarradas
Se confundió en la marejada
Que destrozaba los cimientos
Del viejo mundo descontento
Para hacer limpia la alborada

Así luchó la compañera
—Áspera llama combatida—
Siempre golpeada y ofendida
Por una ráfaga de cera
La compañera

Con mano roja desplomó
Piedra por piedra la pared
Fue interminable como red
Fue una bandera que flameó
Fue una leona que luchó
Fue cama dulce y fue pañuelo
Fue vigilante en el desvelo
Fue brazo y trueno combatiente
Hasta que un tiro —simplemente—
Cubrió su corazón con hielo

Así cayó la compañera
Condecorada por su herida
La más hermosa, la elegida
Bajo la piel de las banderas
La compañera

1971

ELEGÍA SIN NOMBRE

Se me está nublando el alma
De tanto guardarte sombra
Árbol viejo en descampado
No hay lluvia que no recoja

La recojo porque siento
Que lloras de vez en cuando
El que parte es el que cambia
Por inviernos los veranos

Si te fuiste
Buen camino
Pero no quiero seguirte
Que en la tierra
En que me amaste
Tengo echadas las raíces

Yo no sé si fuiste un sueño
De esos que en la noche brotan
O es verdad que me quemaste
Como un rayo la memoria

Ahora sé que ya no existes:
Con la noche te has fundido
Y sé que el amor es ciego
Y sé que es ciego el olvido

1967

EN LOTA LA NOCHE ES BRAVA

El hombre por quien preguntas
Bajó al turno de la sombra
Lo encontré allá en las laderas:
Mujer: ya regresará
Llevaba el pan en las manos
Y en los ojos tu mirada
Volverá en la madrugada
Pero alguno no vendrá:
Ese se irá con la muerte
Y otros lo habrán de olvidar

En Lota la noche es brava
Para el que a la mina baja
En Lota la noche acaba
Con sangre en el mineral
El mar y el grisú están cerca
Y es de vida o muerte el pan:
Para quién será esta noche
La muerte bajo la mar

Zumba una sirena sorda
Y en el aire de ceniza
Se desgarran las campanas
Y arde un fuego funeral
Mujer: saca tu pañuelo
Y echa el llanto a la mañana
Que la mina está de duelo
Y algo tuyo han de enterrar:
Lo atrapó el carbón maldito
Que así nos da fuego y pan

En Lota la noche es brava
Para el que a la mina baja
En Lota la noche acaba
Con llanto en el litoral
Se tiñó con sangre suya
La sombra del mineral:

Nunca más vendrá de vuelta
Desde la orilla del mar

Desde allí sus ojos fijos
¿Con qué luz regresarán?

Y su frente sumergida
¿En qué pecho dormirá?

1965

ENTRE NOSOTROS

Perdiste el musgo, el girasol, la red
Perdiste el trigo, el agua y el solar
Perdiste la luz que subía del sur
Perdiste al marchar la ruta del mar.

Perdí el madero, el fuego, el pedernal
Perdí la soga, el clavo, el eslabón
Perdí la cuenta de los días y
Perdí la noción de tu corazón.

Cómo te atreviste
A cortar los nudos
Con que la existencia
Nos ató desnudos
Dímelo tú.

Perdí tu pecho, tu ritual, tu voz
Perdiste mi confusa realidad
Y así nos fuimos de nosotros dos
Saltando el umbral de la eternidad.

Perdí el madero, el fuego, el pedernal
Perdí la soga, el clavo, el eslabón
Perdí la cuenta de los días y
Perdí la noción de tu corazón.

1997

ESCENAS DEL OLVIDO EN VALPARAÍSO

Era tan breve el peso de su nombre, Valparaíso
Dicho en voz baja y abril,
Y tan último el polen del otoño, Valparaíso,
El secreto ardor transido de sal
Y esperma frutal,
De nuestras ondas colmenas en agraz,
Valparaíso.

Fue tan verdad el tiempo de sus manos, Valparaíso,
Y tan susurro su voz,
Tan precario el abrigo de su vientre, Valparaíso,
Tan corta su sed, tan severo su pan,
Tan incierto su olor,
Tan impotentes sus anclas al zarpar,
Valparaíso.

Puerto de bruma, mírame aquí:
Cargo en la boca su cicatriz,
Cargo en el pecho su desacierto,
Cargo en las manos su espacio abierto,
Puerto memoria: guárdamela
De fuego y niebla cerca del mar.

Guarda su mágico delirio trágico,
Guarda su infancia y su distancia,
Valparaíso celestino.

Ella habitó los mapas de mi pecho,
Valparaíso,
Cruel de estatura y de sol.
Ella ungió su misterio a mi memoria,
Valparaíso,
Y yo dudo acá, privado de ser,
Náufrago de anclar,
Mientras su enigma se agota
Sobre el mar,
Valparaíso.

Puerto sin sueño mírame aquí:
Cargo en la oreja su despedir,
Cargo en la sed su lagar desierto
Cargo en mi muelle su asombro muerto,
Puerto invisible guárdala tú
De espuma y yodo bajo tu luz
Guarda su infancia, desvelo mágico
Y su distancia, delirio trágico,
Valparaíso celestino.

Pero no sé si incluso tú eres cierto,
Valparaíso,
O fui yo quien te soñó.

1986

ESCRITO EN EL TRIGO

Te peinas de mañana ante el espejo
Sacudes las espigas de tu cara
Cimbras tu paso haciéndote trigal
Comes los granos dulces
Peleas con los pájaros
Bebes lluvia del cielo

Puse un día en tus pechos mis dos manos
Doblé tu cuello con un beso fértil
Aré en tu vientre hasta sembrar el hijo
Y el trigo nos miraba
Ondeando sus señales
Su melena de cobre

¿Te das cuenta que nada es tan oscuro
Como una vida en la que no hay trigales?
¿Te das cuenta que el mundo queda ciego
Si apagas las espigas rumorosas?
¿Te das cuenta que el hombre es una espiga?
¿Que toda espiga se convierte en hombre?
¿Y que por siglos combatimos muchos
Para que nadie sea dueño nunca
Del trigo, pan y padre
Que es de todos?

El trigo va moliéndose en tu sangre
Se convierte en harina silenciosa
Se resuelve en el pan de cada día
Va directo hacia el hombre
Dormido en tus caderas
Que parirás mañana

Ya ves que todo es trigo, dulce mía:
Trigo cuando me miras y sonríes
Trigo cuando sollozas y desgarras
Trigo cuando te duermes
Trigo cuando despiertas
Trigo cuando susurras

Por aquel que descubrió en ti su gruta
Por aquel que arderá entre las manzanas
Por aquel que abrirá un río en tu pecho
Echamos las semillas luminosas
Por aquel inventamos los trigales
Enderezamos las cosechas turbias
Somos vigías de la tierra entera
Para que nadie sea dueño nunca
Del trigo, pan y padre
Que es de todos

1973

ESTACIÓN TERMINAL

Cruzando sobre el llano hoy he vuelto a mi ciudad
Los ojos del viajero siempre brillan de ansiedad
La gasa de la lluvia cubre la herida del cielo
Y a la noche un relámpago rubí
Quemará

Mi pueblo adormecido en el invierno me esperó
¿A qué se vuelve? ¿A qué se vuelve?
¿A qué regreso yo?
¿Acaso soy el mismo solitario
Guardián de amanecidas
Que un día se marchó?

Yo que amo la dulzura del verano
Lluvia hallé.
Yo que de primavera tantas veces
Me embriagué.
De pie bajo la noche me devora
La ansiedad
Y arriba los relámpagos del agua
Vienen, van

Mil rostros cruzan grises por la luz artificial
(El rostro que yo quise nadie sabe dónde está)
Las manos de la gente enamorada
Se aprietan apartando
La dura soledad con el amor

Quisiera hallar de nuevo la ventana que yo amé
Y tras de los cristales ver la sombra que dejé.
Vencer la puerta oscura, la escalera,
Y echar entre esos brazos
La angustia de volver

¿A qué se vuelve luego de andar tanto y tanto huir?
Nacemos en verano y en invierno es el morir.
El peso de esta lluvia tiene del llanto el sabor:
Pensamos en nosotros al partir, no en el amor

1970

ESTA ETERNA COSTUMBRE

Esta eterna costumbre de amarte que me llena
La sangre con los duros vestigios del dolor
Que arremete mi vida como una bestia ciega
Para encontrar la grieta que da mi corazón.

Esta eterna costumbre que no teme al olvido
Que niega cada instante de mi tranquilidad
Y hace que yo te sienta como un juego perdido
Que me acerca las garras de la ancha soledad.

Ella me hace que tiemble de oscuridad si tardas
Y que brille de soles si vuelves a mi pecho
Ella hará que mi suerte se haga culpa y castigo
El día en que mi mano no te encuentre en el lecho.

Esta eterna costumbre que me anuda al infierno
Que me ata a lo imposible de una vida de insidias
Se hundirá en los sargazos de tu ciega inclemencia
El día en que me venza tu arrogante perfidia.

Ella me hace que tiemble de oscuridad si tardas
Y que brille de soles y vuelvas a mi pecho
Ella hará que mi suerte se haga culpa y castigo
El día en que mi mano no te encuentre en el lecho.

Esta eterna costumbre que me anuda al infierno
Que me ata a lo imposible de una vida de insidias
Se hundirá en los sargazos de tu ciega inclemencia
El día en que me venza tu arrogante perfidia.

Esta eterna costumbre es un combate diario
Que me ha dado los celos y así mismo el sabor
De las cosas hermosas perdidas y olvidadas
Y por cierto mil signos de tristeza mayor.

Esta eterna costumbre que no teme al olvido
Que niega cada instante de mi tranquilidad
Y hace que yo te sienta como un juego perdido
Que me acerca las garras de la ancha soledad.

1998

FELIPE ESTÁ SENTADO
EN EL FONDO DEL MAR

Felipe está sentado
En el fondo del mar
Tiene arena en el pelo
Y ojos repletos de agua
El mar de Chile pesa
Como cruz de metal
Sobres sus hombros graves
Castigados de sal.

Felipe está mirando
En el fondo del mar
Hondas tierras perdidas
Y abismos silenciosos
Miles de estrellas rojas
Circulan sin reposo
Entre cuerdas de espuma
Sosegadas de sal.

Hay caballos marinos
Que comen de su mano
Y hay halcones que cazan
Por las colinas negras

Por las colinas negras
Hay halcones cetrinos
Y comen de sus manos
Los caballos marinos

Es un mundo sin lunas
Y en la profundidad:
Felipe está soñando
En el fondo del mar.

Felipe está llorando
En el fondo del mar:
Ha comprendido que ahora
Su tiempo ha naufragado
Felipe espera un barco
Que nunca ha de llegar
Y yace abandonado
En el fondo del mar.

Octubre 2011

LA ARAUCANA

Arauco, furia delgada,
Copa de pólvora y sangre,
Ciudadela envenenada
Desgarrando su ropaje,
Fiel madera maltratada por la ráfaga o el beso
Y las furias enterradas de tus muertos.

Arauco, claro y solemne
Bastión extremo de América,
Libro de sólido polvo,
Áspera flor salitrera,
Turbio vaso de cenizas
Que bebemos en vigilia
Para hacer de tus caídos
Otra espiga,
Fundamental,
Amorosa
Y plena.

CORO

Vino el tiempo oscuro de las nevadas,
Vino el hierro, la cruz gamada,
Vino el fuego quemando a gritos,
Vino el mito con su emboscada,
La emboscada con su presente,
El presente con su hondonada,
La hondonada de toda raza,
El recuerdo que ardiente enlaza,
Mas la soga que cae al cuello
Y ese instante que era tan bello
Y lo bello que fue lo fuerte
Y lo fuerte que era lo mío
Y lo mío que es tan de todos
Y esta noche que ablanda el modo
De los pueblos y de su historia,
Que les triza la esquiva gloria,

Que les mata la luz en sueños,
Que les clava en mitad de empeño
Que les priva de la memoria ay.

Tanto dolor goteando de tus piedras.
Tanto furor huraño desarmado.
Tanto rufián quebrándote los huesos.

Tanta paciencia frente a tanta muerte,
Tanto maldito arándote la espalda
Madurarán llamándonos,
Madurarán nombrándonos a diario,
Hinchándose,
Como un velamen en que sopla el pueblo
Su alada intuición,
Su claridad
Fundamental,
Amorosa y plena.

CORO

Llega volteando un viento de los sauzales,
La palabra agrieta los males,
Se hincha un libro claro y sencillo,
Los amores arden caudales,
El arado escribe su surco,
Vuela el urco puntuando el tiempo,
Y es acaso una primavera
La que encausa el reloj viviente,
La que encrespa la tierra entera,
La que estorba al indiferente,
La que poda entre los raudales,
Poca a poco, el dolor macizo.
Ha tardado el fin de la noche,
Se ha pegado en ella el hechizo,
Pero habiendo signos precisos
En anillos de árbol con tierra,
Y existiendo pruebas tenaces,
Ya sabemos que habrá una guerra
El tiempo antes de urgir las paces ay.

Nos brotarás,
Nos brotarás,
Nos brotarás, Arauco,
Como una rama roja,
Dura,
Huraña,
Llena de sangre y de rencor
Golpeando hondo.

Levántate,
Levántate,
Levántate, Arauco,
Con vieja mano donde mora heroica
La alta pupila del fusil
Mirando
Lejos.

1981

LA CANCIÓN DE LUCIANO

A Luciano Cruz

Al paso de Luciano
Lloran las pergoleras
Y amortajan de pétalos su muerte interminable
Su vida interminable, su reloj detenido
Pero que mudo marca
Las horas que anunciara
La terca y fría hora
Que el pueblo ató a su mano
Para que floreciera
La lucha de Luciano

Vuelve en hueso, en frío, en un caballo
En un beso, en una quemadura
Es de acero, de aire, de ceniza y
Todo despierto quiere seguir

¿Quién lo amarra sobre el mapa?
¿Quién destroza su retrato?
¿Quién recorta su palabra?

Luciano, al regresar
Se descerraja en luz
Devela la verdad
Revienta con sus manos los alambres del temor
Respira en cada boca el aire de la insurrección
Vuelve armado de agua y viento
A encender los sueños vuestros
A velar los sueños muertos
¡Ábranle!
¡Ábranle!
¡Ábranle ya!

Al paso de Luciano hay pueblo innumerable
Y una mujer desgarra su nombre desde lo alto
La oscura ceremonia de la muerte lo lleva
Como sombra en la sombra del rito funerario
El rito que lo alumbra
Que el pueblo ató a su mano
Para que continuara
La lucha de Luciano

1972

LA CANCIÓN QUE TE DEBO

A Jersey de Folliot, mi madre

Mi campesina prodigiosa
Mi pan silvestre, mi granero
Mi zarzamora polvorienta
Mi roble añoso, mi potrero
Mis cinco puntos cardinales
Mi rueda dura, mi larguero
Mi perra choca, mi potranca
Mi rayo dulce, mi aguacero
Mi sed risueña, mi vertiente
Mi leche blanda, mi sombrero

Mi ciudadana rigurosa
Mi pizarrón y mi escritura
Mi abecedario, mi alfabeto
Mi vocación y mi premura
Mi libertad envenenada
Mi aventuranza prematura
Mi andar complejo, mi sombrita
Mi vago duelo, mi costura
Mi semejanza, mi distancia
Mi compromiso y mi estatura

Puesto que soy de tu madera
Y esta canción yo te debía
Quise escribirla en primavera
Que es cuando crezco, madre mía

Hay tanta cosa que contarte
Hay tanto mundo que te debo
Tanto clavel que fui a buscarte
Y tanta ortiga que te llevo

Mi girasol, mi vulnerable
Mi libro claro, mi alimento
Mi consistencia vespertina
Mi aviesa lágrima, mi tiento
Mi terremoto tremebundo
Mi doble orgullo, mi contento
Mi caminata solidaria
Mi corazón sonoro y cruento
Mi soledad y mi venganza
Mi rebeldía y mi sustento

Mi inolvidable pegajosa
Mi educadora, mi tirana
Mi complicada defensora
Mi peligrosa cerbatana
Mi singular aliada oculta
Mi más sonada cortesana
Mi amor secreto, mi escabrosa
Mi devoción global, mi enana
Mi protegida, mi conciencia
Mi laboriosa, mi holgazana

Hay tanta cosa que contarte
Hay tanto mundo que te debo
Tanto clavel que fui a buscarte
Y tanta ortiga que te llevo

Puesto que soy de tu madera
Y esta canción yo te debía
Quise cantarla en pleno invierno
Que es cuando sangro, madre mía

1986

LA CARTA DEL ADIÓS

Durante muchos días
Busqué como decirlo
Sin abrirte una herida
Ni dejarte sufrir
Las horas más amargas
Sonaron en mis venas
Como campanas rotas
O trenes por partir.

Te escribo pues la carta
Que encontrarás mañana
Debajo de la almohada
La carta del adiós.

No busques otro signo
Que el de la vida misma
La vida que vivimos
Y nos hirió a los dos.

Es una carta escrita con todos los dolores
Que nos abren el pecho y nos hieren las venas
Pero con ella quiero
Que comprendas que parto
Rompiendo para siempre las amadas cadenas,
Las amadas cadenas.

La tierra del amor tiene algo inexplicable
Y a mí me sembró el alma sólo de flores mustias
Te dejo mis sollozos.
Sin un solo gemido
Y un jardín indefenso regado por la angustia,
De lo que se ha perdido.

Es una carta escrita con todos los dolores
Que nos abren el pecho y nos hieren las venas
Pero con ella quiero que comprendas que parto
Rompiendo para siempre las amadas cadenas.

La tierra del amor tiene algo inexplicable
Y a mí me sembró el alma sólo de flores mustias
Te dejo mis sollozos
Sin un solo gemido y un jardín indefenso
Regado por la angustia, de lo que se ha perdido.

1998

LA DIGNIDAD SE CONVIERTE EN COSTUMBRE

A Bautista Von Schouwen

Silencioso
Con silencio de piedra submarina
Con la conciencia sometida al hierro
Con la muerte trenzando sus cuchillos
Sintió que se quedaba desvestido
De sangre, de cabellos y de uñas
De ojos y de piel, como si fueran
Un violento equipaje, el único equipaje
Un dosel, un visillo, una terca ventana
Que atajaran el ojo a los verdugos
De Bautista van Schouwen, compañeros

¡Tan callado!
Quién hubiera pensado que pudiera
Coronar con silencio su conducta
Recordar a la especie la decencia
Y juntar sobre el cuerpo luminoso
Los golpes propinados a su pueblo
La espina y la cadena

Ha crecido Bautista van Schouwen para siempre
Elevado a semilla frutal que desde ahora
Nos da la dignidad para hacerla costumbre
Para escribirla en todos los presidios del mundo

Secando la memoria
Clausurando la boca
No dijo una palabra ni una fecha
Ni un nombre, ni un país
Ni un río, ni una flor
Ni un bosque ni una abeja
Que sirvieran
De mapa a los verdugos de su pueblo

Eso es todo

Así es todo de simple compañeros:
En el duro momento de los hechos
Es tajante como agua de cascada
Y declara invencible su silencio
Se doctora en metal enfurecido
Se gradúa de bosque indescifrable
Se viste de eficacia
Se acoraza en conciencia
Ha humillado las garras
Que araron en su piel
Y así es que su tormento se convierte en un surco
Y al golpearlo en la tierra
Lo forjaron semilla

1974

LA FIESTA ERES TÚ

Muchacha, muchacha morena y tierna,
Se te ha roto ese vestido,
Por ahí te miro la pierna
Con ojos de lobo herido.

Muchacha, muchacha morena y triste,
Se te perdió la alegría,
Acércate a mi guitarra
Para cantarte la mía.

Ay, ay, ay,
Ay, ay, ay,
Muchacha morena y dulce
Como llevarte por ahí.

Muchacha morena y alta,
Tu marido se murió,
Ya que la vida es tan corta
En su lugar vengo yo.

Muchacha, muchacha morena y grácil
Como consuela tu vista
Mirándote de tan cerca
No hay corazón que resista.

Ay, ay, ay,
Ay, ay, ay,
Muchacha morena y linda
Como tomarte por ahí

Muchacha, muchacha morena y suave,
Ven que te quiero besar,
Cuando el amor se detiene
Un beso lo obliga a andar.

Muchacha, muchacha morena y lista,
Se te ha caído el corpiño,
Veo tus dos corazones
Y digo: Quién fuera un niño.

Ay, ay, ay,
Ay, ay, ay,
Muchacha morena y plena
Como beberte por ahí.

1998

LA GAVIOTA

Una sirena distante
Rompe claros en la niebla
El mar salado y tonante
Contra las rocas golpea
Y allí como mancha oscura
De plumas rotas y arena
Yace la gaviota herida
En tres cárceles de piedra

Nunca más hará su vuelo
De relámpago y saeta

Me vine ahogando dolores
Hasta la playa desierta
Y encontré al pájaro herido
Golpeado por la marea
Entretanto allá en la altura
La gaviota compañera
Desgarraba ciega y sola
Los cendales de la niebla

A ti te buscan, gaviota
Que te mueres en la tierra

Yo sé más de lo que crees
Sobre las aves viajeras:
La gaviota que yo quiero
Se perdió como una estrella
Y la busco desde siglos
En la cruz de la tormenta:
Sabe Dios dónde ha caído
Con el ala herida en tierra
Y en alguna playa sola
La cubre el viento de arena

Qué vuelo tan largo tuvo
Para morir en la ausencia

1966

LA GUITARRERA QUE TOCA

La guitarrera que toca
Tiene en la frente un dolor:
Su risa se fue en los ojos
De un guitarrero andador
La guitarrera que toca
Tiene labios sin color:
El rojo se fue en la boca
De un guitarrero cantor

Camino: te he de torcer
Por mañana y por ayer
Mañana habrás de traer
Lo que vine a perder
Ay ay

La guitarrera que toca
Guarda penas bajo el chal:
Su sangre inundó la piedra
Abajo en el mineral
Los hijos allí quedaron
Por su bien o por su mal:
La guitarrera los llama
Con voz de opaco metal

Camino: te he de torcer
Por mañana
Y por ayer
Mañana habrás de traer
Lo que vine a perder
Ay ay

La guitarrera que toca
Mira el camino venir:
Por él los miró acercarse
Por él los miró partir
La guitarrera en el pelo
Tiene nieve de sufrir:
Sólo el llanto va creciendo
Sólo el canto ha de morir

1965

LA HORA FINAL

Alguna vez la loba da su leche
Y un beso azul puede calmar tormentas
Y basta aún la sombra de tu mano
Para cerrar con sueños mis tristezas
De vez en cuando por el cielo nocturno
Cruza una luz que raya la tiniebla
Pero es verdad
Que fácil no es
La abrumadora vida de la tierra

Hay que luchar para cambiar el mundo
Hay que borrar las razas y las guerras
Hay que cortar las manos del que mata
Y defender
Con sangre y luz
La vida de cada pueblo de la tierra
Y conquistar
Con plomo y luz
La libertad de los hombres en la tierra

Por eso así, tomado de tu mano
Siento furor de lo que nos espera
La espada está colgando sobre el mundo
Y nadie ve su brillo cuando tiembla
Voy a sembrar, pero no estoy seguro
De recoger mañana mi cosecha
Si estamos hoy
Sobre un volcán
Que llenará de hiel la tierra entera

Hay que luchar hasta alumbrar un mundo
Hay que hermanar las razas sin sus guerras
Hay que trizar la sangre del que mata
Y defender
Con plomo y luz
La vida de cada pueblo de la tierra
Y conquistar
Con sangre y luz
La paz de todos los hombres en la tierra

1968

LA IMPOSIBLE

Nos quedamos mirando
Con ansia y pena
Y fueron nuestras manos
Una cadena
Una cadena
Que cortamos guardando
Todo reproche
Para que al fin te fueras
Dejando noche
Dejando noche

Y así partiste y ahogué en mi boca
Los sufrimientos
Y te perdiste tras monte y roca
Como los vientos

Hoja seca de otoño
Paloma muerta
Que en los brazos del viento
Ronda mi puerta
Ronda mi puerta
Mas cuando te persiguen
Los brazos míos
Caen mis manos solas
En el vacío
En el vacío

Ay ay tu gracia
¿A quién da vida?
Con pena y gloria
Mientras te escurres
Por una herida
De mi memoria

1968

LA MAR CUANDO ESTÁ VARIABLE

La mar cuando está variable
Y oscura la noche
Es como señal de duelo
Y sus olas son reproche
No vaya el hombre a lo negro
Rumbeando sobre su bote
Que la mar está variable
Y que oscura está la noche

La mar estaba variable
Y la noche oscura
Cuando se perdió en los mares
Y me anegó la amargura
Ya no hay hora que no duela
Ni lágrima que no escurra
Que estaba la mar variable
Y estaba la noche oscura

Si se fue con mar variable
Y marchó perdido
Se llevó sobre la barca
El tenaz tiempo vivido
En la mar se borra el surco
Y no habrá espera ni olvido
Si se fue con mar variable
Por aquel camino hundido

1968

LA MEMORIA

Si tú me dieras el aire
Ay ay ay te lo recibo
Yo te recibiera el aire
Ay ay ay porque de él vivo
Yo te recibiera el aire
Ay ay ay porque de él vivo
Ay ay ay
Porque de él vivo

Ahora para recordarte
Sólo tengo la tristeza
Eres un pájaro suelto
Que vuela por mi cabeza
Eres un pájaro suelto
Que vuela por mi cabeza
Ay ay ay
Por mi cabeza

Mi cabeza fue tu jaula
Ay ay ay por recordarte
Y ahora tengo que morirme
Ay ay ay para matarte
Y ahora tengo que morirme
Ay ay ay
Para matarte

Por los mares de tu pecho
Ay ay ay bogó mi gloria
Y ahora que quiero tenerte
Sólo tengo la memoria
Y ahora que quiero tenerte
Sólo tengo la memoria
Ay ay ay
Sólo tengo la memoria

1967

LA MORDIDA

He mordido tu espalda
Hasta elevar la falda

He mordido tus senos
Hasta echarte de menos

He mordido tu cuello
Y quedé sin resuello

Y también tus tobillos
Haciéndome un ovillo

Te he mordido la mano
Para acercarla en vano

Y he mordido tus hombros
Hasta morir de asombro

Y he mordido tus dedos
Como olvidando el miedo

Y he mordido tu ombligo
Para sentirlo amigo

Y he mordido tu sexo
Porque es simple y convexo

Y he mordido tus ojos
Porque en ellos me arrojo

Y he mordido tu fuego
Hasta quedarme ciego

Y también tu sollozo
Para darte reposo

Mordería inclemente
Tu voz indiferente

Mordería tu anhelo
Para que crezca en vuelo

Mordería tu sombra
Pues ella no me nombra

Mordería tu instinto
Hasta hacerlo distinto

Y mordería tu alma
Pues no la quiero calma

Morderé tus caderas
Para acortar la espera

Morderé tu cintura
Para quitarle altura

Te morderé los labios
Hasta sentirme sabio

Morderé tu desvelo
Hasta bajarte al suelo

Te morderé la gana
Pues no la quiero enana

Y como una alimaña
Bramándote de celo
Me perderé en tu entraña

1995

LA MUERTE NO VA CONMIGO

A José Manuel Parada, Manuel Guerrero y Santiago Natino

La muerte no va conmigo
La vida va en fuego entero
Me plazco en sangrar la sombra
Del carnicero

La muerte no va conmigo
La extravié de mi escarcela:
No corta rabo ni oreja
Ni me desvela

Cuando la mano recurre
A este solemne argumento
Se va nublando el camino
Naufragan los elementos
Soplan los vientos contrarios
Y se hunden los miramientos

Hoy
Se piensa que en vez de arar
De amar y volar
De abrir y cantar
Es mejor matar

La muerte no va conmigo
La borro sobre mi tapa
La arrío de mi lucero
La rebajo con mi capa
La insulto con mi sombrero
Y la degüello en mi mapa

El futuro es de la vida

Los pueblos aman la vida
Lo muerto no
La muerte no
Los muertos no

La muerte no va conmigo
La vida va en fuego entero:
Me plazco en sangrar la sombra
Del carnicero

La muerte no va conmigo
Y a quien haga el desacato
Lo mato, con estas manos
Mato y remato

1985

LA NOCHE DE LOS TIEMPOS

Como ya sabes, vengo de la noche de los tiempos
Acudiendo a la llamada de tu carne intransigente
Y me adueño sin tardanza del furor de tu deseo
Porque con el tiempo no puedo contar

Como ya sabes, llego desde el faro atormentando
Los temblores de tu vientre que abriré sin miramientos
Porque quiero perpetuarme en el torrente de tu sangre
Y escanciar en tu memoria los gemidos del amor

Porque he decidido crucificarte en un leño
Y guardarte firmemente en el forzoso cautiverio
Y obtener seguramente cada noche tu agonía
Y escuchar el balbuceo de tu boca ya domada
Para que nunca olvides el hallazgo
De este sol
Que cubre de claridad tu acontecer
Pero trae
Hasta ti
La noche de los tiempos.

Ocuparé el espacio de tu pecho palpitante
Repletándolo de mieles y de acíbares perversos
Acunando entre mis manos tu corazón sudoroso
Para desatar la audacia de mi amor.

2002

LA PASAJERA

Vine a ver pasar
El viejo tren que sube desde el sur
Y su rechinar
Anuncia el mar de una mirada azul
El vagón frenó
Con la estridencia dura del metal
Y entonces miró
Una mujer detrás del ventanal

¿Qué fue el resplandor
que me quemó el pardo mirar?
¿Quién me dio el dolor
para cargarlo en mi vagar?

¿Qué nombre tendrá
la pasajera ojos añil?
¿Cuándo volverá,
será un oscuro agosto o un llovido abril?

¿Qué amante tendrá,
lo evitará con gran desdén?
¿Nunca contará
que me vio solo en el andén?
¿Cómo pudo ser
que la dejara continuar,
desaparecer
como una nube triste que deshizo el mar?

2009

LA PREGUNTONA

A Nelson Villagra

¿Dónde estará Higinio Muna.
Baqueano de trueno y rayo
Que mataba de a caballo
Bajo su buena fortuna
Hasta que lo arqueó la luna?

¿Dónde estará Rosa Huecho.
La del calzón amarillo,
Que se fajaba a dos pechos
Hasta que se hizo un ovillo
Contra el fulgor de un cuchillo?

¿Cuál habrá sido el anclaje.
Del que torcía los ríos,
Del que oficiaba a dos trajes
De la que urgió los corajes,
De los que hilaron con frío
La mortaja de su viaje?

¿Qué fue de Ascanio Zarzalla,
Que amarró una nube al sueño,
Soldó el sueño a su metralla
Y la metralla al empeño
Hasta pasarse de agallas?

¿Habrán matado a Ubaldina,
Cardo de pulso profano,
Que con hilos de neblina
Y una aguja en cada mano
Cosió su rabia al paisano?

¿Pero quién la luz entona,
Pero quién la sombra puebla?
No preguntes, preguntona
Que hubo sangre derramada
Tras de tanta historia alzada,
Tras de tanta tierra y niebla.

Tras de tanta tierra y niebla.

1989

LA PRIMAVERA MUERTA EN EL TEJADO

A Gladys Marín

I. Cuando apareció

Recostada,
desnuda de toda hipocresía,
vestida de toda
Responsabilidad,
La vieron los vecinos sobre el espléndido tejado
Mascullando con furia los disparos intactos
Hacia los uniformes
Que poblaban feroces
La calle enteramente palpitante.

Piernas finas y largas ceñidas de mezclilla,
Voz de mapas perdidos,
Cintura de provincia,
Torso enfundado
En una blusa brisa
Que agitaba el humeante estertor del invierno.
Y sus pequeños pechos de diecisiete siglos,
De diecisiete leches en sus cántaros dulces,
Cubriendo la muralla
De piedra,
Su refugio,
En donde el mar de tejas tenía sus rompientes.
Y luego: el matorral de cabellos revueltos,
Sacudido en el aire como el ala de un cuervo,
Los ojos incendiados fusilando la calle,
La boca desplegando
Su rabia
Grito
A
Grito.

Y en la mano derecha la pistola
(Un pájaro enervado y negro)
Con que soñaba perforar los tanques.

139

II. Las manadas

Devorando calles,
Sucediendo escombros,
Galopan miedosas manadas vestidas
De terror y asombro.

Todo hueco es aire,
Toda vena es río
(Un zapato duerme cual caballo muerto),
Cualquier bala es frío.

Se derrumba el árbol,
Se desploma el muro.
Ni la vieja cumbre, ni el valle perdido
Son lugar seguro.

Calcinado el hueso,
Amarrado el llanto,
A oscuras el buitre sediento planeaba
Su festín de espanto.

Quemó las banderas,
Mutiló las actas,
Dio lumbre a las hachas que derrocan bosques,
Briosas y compactas.

Pudo agriar el año,
Vejar siglo y ruego,
Pero es la conciencia combustible errante
Del secreto fuego.

Porque la conciencia
Vocea profunda
Su soporte antiguo que impide que el peso
Contrario nos hunda.

Porque la conciencia
Es manada brava,
Que antes llevaría la tierra a cenizas
Que la raza a esclava.

III. Pichona sin pichón

Pichona sin pichón, águila suave,
De repente surgida desde el techo,
Sola estaba,
De bruces
Procurando
Derribar sobre el pecho de la calle
Cuanta sombra y su hombre le faltaran
El silencio a su clara palomera,
Salpicada de cólera y de orgullo.

El invierno quemaba fragores insolentes,
Rugiendo sus volcanes rabiosos.
Sus relojes
Fundían debajo de los pliegues
El incierto tic tai del mediodía
Ardiendo.
Los vecinos no vieron lo que vieron,
Apenas cazadores que pasaban
Cazando.

Y por fin la encontraron,
Dieron con la paloma,
Bocabajo en las tejas,
Disparando su enojo.
Y apuntaron las armas enemigas y aleves,
Numerosas de siempre y de memoria.

Pichona sin pichón, águila dulce,
Hija del techo,
Roja enredadera,
Solitaria
Violeta
Tumultuosa,
Defendiendo el enigma de su pueblo,
La humillada bandera de sus muertos,
El respeto a su clara palomera
Salpicada de cólera
Y
De
Orgullo.

IV. El soldado ciego

En el parque de enfrente
Las hojas fueron rotas
Por ráfagas tenaces
Hasta no tener término.
Encima del tejado,
Bambolearte y sonora,
Cada estampido aullaba
La respuesta precisa.
Luego el cerco de cascos
Y bayonetas ávidas
Escaló las paredes
De las casas vecinas.
Atacó circulando
Por los flancos del aire
Y rellenó de fuego
Los mayores tejados.

Hasta
Que un ciego
Soldado campesino
—recién, recién cortado
De aquél
Su sembrado—
Con el sucio y
Deformante uniforme,
Con sus zapatos grandes,
Su gran
Oscuridad,
Chapoteando en la noche de la ciega conciencia,
En el solemne y corto momento interminable
En que el mundo paró su balbuceo,
Oprimiendo su dedo y su alegría,
Le colocó en la sien
Una amapola,
Esta amarga amapola de
La muerte.

Ella
Juntó
Los labios contra el muro.
Con cálida dulzura
Posó
La cabeza.
Ella
Tornó
De cisne la cabeza,
Desamarró los brazos,
Negó
Su fatiga.

Un mechón de cabellos resbaló hacia la calle,
La amapola deshizo sus primores exactos,
Descendiendo por ellos en un hilo.
Nació bermejo un charco.
Y la paloma
Tembló de piernas,
Se durmió enseguida,
Amortajada por el sol
Oscuro.

V. Cuando se fue

"Para todos la Patria o para nadie"
Decía escrito en tiza
En la muralla,
Donde estaba su muerte
Floreciendo.
De allí se la llevaron
(Flor de sangre);
El tejado volvió a ser
El tejado.
Y el que canta nubló
Sus ojos grises.

Ya nadie sabrá nunca
Su alto nombre,
Nadie verá el candado que cerrará
Su hambrienta
Boca
Suave,
Sus pupilas.
Nadie el lugar
De la ciudad enferma,
En que sembraron bajo dulce
Tierra
Su honor ensangrentado
Y su coraje.

Pero veremos
Florecer segura
—como vieja
Escritura renovada
Por las tenaces tintas
De la sangre—
Su primavera
Muerta
En el tejado
El once de septiembre
(A mediodía),
El once de septiembre
(Bajo el humo).
El once de septiembre
(A sangre llena).

Recuérdalo.
Recuérdalo.
Recuérdalo.
Recuérdalo.
Con odio.
Con amor.
....
Recuérdalo.

Finales 1973

LA PRISIONERA

Te doy la libertad que tanto quieres
Dejé la jaula abierta para que huyas
No vayas a pensar que así me hieres
Que aquí en mi corazón no hay cosas tuyas.

Acaso un vago miedo a compasiones
Hizo que te entregara tus dos llaves
Pero sé que esta clase de emociones
No perturban la paz de ciertas aves.

No seguiré tu vuelo envenenado
No espiaré los rumbos donde vayas
Espero sin embargo que tus dados
Te hagan morir muy lejos de mi playa.

Adiós querido amor equivocado
Gracias por estos años ya vividos
Este vino tan áspero y amargo
Es el recuerdo de otros ya bebidos.

No sé por qué pensaste, que a mi lado
Te convertí en torcaza prisionera
Nunca he puesto una reja en lo habitado
Ni en jaula convertí mi palomera.

No tengo cuatro látigos ni lazos
Ni menos estocadas o tranqueras
Tú viste en mí la sombra de otros brazos
Que alguna vez ataron tus quimeras.

Adiós querido amor equivocado
Gracias por estos años ya vividos
Este vino tan áspero y amargo
Tiene el sabor de otros ya bebidos.

2008

La Cantata La rosa de los vientos fue compuesta en noviembre de
1998 con motivo del Jamboree Mundial de los scouts en la localidad
de Picarquín, San Francisco de Mostazal, diciembre de 1998.

I

LA ROSA DE LOS VIENTOS

Fue aquel viento del norte que nos guió
El que tiene un claro color de miel

Nos izó en su grupa el viento del sur
Alto caballo fiel

Al oeste el viento hizo un ademán
Y trajo cuarenta del borde del mar

Y al viento del este transido de azul
Alguien fue a domar

CORO:
Fue así que llegamos hasta Picarquín
Del Oeste, el Norte, del Este y el Sur
Por sobre montañas mojadas de azul

CORO:
Fue así que vencimos un seco arenal
Fue así que pudimos tendernos al fin
Esperando el alba desde Picarquín

CORO:
La Rosa de los Vientos vigilará
Con sus alas tendidas hasta el confín
Guardando el campamento de Picarquín

CORO:
Guardando el Campamento de Picarquín
La Rosa de los Vientos no tiene fin
Con sus alas tendidas hasta el confín

II
CONTARÁS CONMIGO

Siempre contarás conmigo (BIS)
Cuando la lluvia te azote
Cuando te falte el abrigo

Siempre contarás conmigo (BIS)
Cuando el camino oscurezca
Y se te vuelva enemigo

Siempre contarás conmigo (BIS)
Si en el mar tu estrella guía
Ciega su fulgor testigo

Siempre contarás conmigo (BIS)
Si el día se halla distante
Y lejos el sol amigo

Siempre contarás conmigo
Si la noche te acosara
Yo iré contigo.

Siempre contarás conmigo
Si tu vida está en peligro
Del peligro te desligo.

Siempre contarás conmigo
Si en la noche te acosaran
Yo iré contigo.

III
LA LIBERTAD ES ANCHA COMO EL VIENTO

La libertad es ancha como el viento
El viento, de tan libre, es voz y nombre,
Y un movimiento alerta embriaga al hombre
En su afán
De lograr
La noción que asombre

Fue amasada con fuego, tierra y agua
La libertad es fruto de una fragua
Que es anterior al tiempo y a la nada
La forjó
La pasión
Con razón porfiada

Mientras seamos libres viviremos
Inundados de luz y no de sombra
La libertad se gana entre reveses
No se da
Como un don
Ella se merece

Hay que empuñar su estrella cada hora
Hay que encenderle antorchas refulgentes
Y coronarla con la flor del día
La libertad nació
En cuna bravía

IV
LA PROMESA

A los presentes prometo
Caramba la cosa es muy seria
Para atajar la miseria
Haremos un gran parapeto
Haré un gran parapeto
Para atajar la miseria
Caramba la cosa es seria
A los presentes prometo

De Picarquín voy al mundo
Con más fuerza y más amor
Es un anhelo profundo
Que la siembra sea mejor
Que la siembra sea mejor
Es un anhelo profundo
Con más fuerza y más amor
De Picarquín voy al mundo

También dejo prometido
Con mi voluntad tenaz
Que lucharé por la paz
Hasta caerme rendido
Hasta caerme rendido
Que lucharé por la paz
Con mi voluntad tenaz
También dejo prometido

La paz es más verdadera
Si le damos un sentido
Si la buscamos unidos
Si la cuidamos de veras
Si la cuidamos de veras
Si la buscamos unidos
Si le damos un sentido
La paz es más verdadera

V

JUVENTUD DE LA FIESTA

Con la lealtad
Con la dignidad
Con toda las fuerzas del amor dispuestas
A la luz de la verdad
Te acompañaré
Doquiera que estés
En nuestras alegres jornadas de fiesta
Al calor de la amistad
El fuego tendrás
El agua tendrás
Bajo las estrellas que alumbran un mundo
Fraterno y profundo

Hay fogatas tórridas
y flores frescas
y un clamor vital
de horas despiertas
Hay dulces canciones

Y versos bellos
Y en todo aquello
Tú y yo

VI
TAN SOLO AMANDO EL HOMBRE CAMINA

Un hombre nace blanco de piel
Y su pelo es de oro y miel

Otro nace con rostro oscuro
Y su pelo es rizado y duro
Aquél ríe con cara de cobre
Y agita su trenza salobre

Y hubo también morenos grandes
Bajo la altura de los Andes

En el milenio de la aurora
La enemistad tuvo su hora

En los centenios torturados
Se combatió de modo airado

Pero con su andar gregario
El hombre se hará solidario

Y para que el futuro se abra
Es solidaria la palabra

¡Tan sólo amando marcha el hombre!

VII
LA TIERRA QUE NOS TIENE

La tierra que nos tiene apenas es un árbol sin tiempo
Cuelga del cielo como un enorme manzano ciego
La surcan ríos bravos y la mojan los lagos tiernos
La rodean los mares con sus sólidos movimientos
Ella se agarra a las nubes y oscurece el cielo
Hace del sol la fragua con la que cocina el sustento

Convoca a la lluvia fresca si se reseca el suelo
De su corteza crecieron asfódelos y almendros
Brota del bosque umbrío el olor de sus maderos Estalla el volcán
sangrando en mil penachos de fuego
Se siguen las estaciones en su relevo perpetuo

Por eso es tan ancha y tierna esta tierra.
Por eso es tan ancha y tierna esta tierra
Esta tierra que nos tiene, nos tiene vivos por un momento
Por un momento de tierra, de tierra madre con fundamento.

La tierra de Picarquín es una comarca de olores diversos
Desde su entraña profunda surgen manantiales dulces y ciegos

Por eso es tan ancha y clara esta tierra
Por eso echó sobre sus fundamentos
El vasto momento del hombre fraterno
De bien
Y de alianza
Con el hombre henchido de igualdad segura
De altura
Y de andanza
Más el imperfecto que debe integrarse
Con libro
Y sin lanza
Y aquel hombre entero, solidario y recto
Que se une
A la danza.
1999

LA SOMBRA

Cayó la tarde sobre los sauces desmelenados,
Cayó la tarde sobre tu pelo alborotado,
La misma tarde con dedos rojos rompió las trabas
Y entré en tu cuerpo,
Y entré en tu cuerpo que lentamente me devoraba.

Cayó la noche sobre juncales ya conjurados
Y un rayo tibio,
Un rayo tibio quemó mis labios enamorados,
Pero de vuelta,
Pero de vuelta tras la ventana donde morabas
Vimos la sombra,
Vimos la sombra de un hombre triste que te esperaba

Cuántos dolores dan los amores que están despiertos,
Y de repente el fuego de frío ha muerto.
Tristes amarras que se cortaron de amanecida
Con los puñales que inexorable forja la vida.

1998

LA TIERRA AJENA

Calzas zapatos de piedra
Llevas un gorro de escarcha
Te abriga un viento de invierno
La lluvia llora en tu marcha
Entre el amor y tu pecho
No puede haber más distancia
Niño solo al que cambiaron
Por sombras la madrugada

¿En qué noche maldiciente
Pintaron tu cara amarga?
¿Quién fue el que abrazó a tu madre
Para echarte a andar el alma?
Correr y correr las calles
Bajo el verano que abrasa:
El agua es para los otros
También de otros la esperanza

Ay hijo de corazón
Hecho para las nevadas:
Cómo quisiera llenarte
De frutos la mesa larga
Ponerte el trigo en la boca
Darte la leche y la manta
Y echar mi brazo en tus hombros
Para dar calor a tu alma

Pero igual que tú yo llevo
La vida crucificada:
Cojo mi pan en la calle
Y es de piedra mi frazada
Por la tierra ajena vamos
Como el viento y como el agua
Somos hijos de esas sendas
Que nunca llegan al alba

1964

LA TIERRA ENTERA

Voy a repensar
Las ruinas de este amor tan devastado,
El duro acontecer que me has brindado
Y el hecho de que seas el pasado para mí.

Valdría más
Que reconozcas que te di la tierra entera
Que te enseñé a crecer en cada primavera
Y a causa de este amor no eres quien fueras.

Valdría más
Que reconozcas que tu sombra me ha fallado,
Que ya no existe aquel fulgor desesperado
Que iluminaba con su luz lo más amado,
Lo sepultado,
Lo renegado,
Lo naufragado en vasto mar.

Voy a discutir
Con mi futuro la razón de continuar
Marchando al punto donde se termina el mar
Y ya no cabe a la pasión recomenzar.

Valdría más
Que ahora comprendas que renuncio a las esperas
Que he renegado de mis trágicas quimeras
Para encontrar otra emoción más duradera.

Valdría más
Que reconozcas que te di la tierra entera,
Que te enseñé a crecer en cada primavera,
Y a causa de este amor no eres quien fueras,
En la tierra entera,
La tierra entera,
La tierra entera de este amor.

Valdría más
Que ahora comprendas que renuncio a las esperas,
Que he regresado de mis trágicas quimeras
Que te enseñé a crecer en primavera
Y a causa de este amor no eres quien fueras
En la tierra entera,
La tierra entera,
La tierra entera de este amor.

2009

LA TRAMONTANA

Por un camino de invierno volví a tu pueblo
Tu pueblo me abrió los brazos muy de mañana
Y cuando esa noche el vino nos daba fuego
Alguno nombró tu nombre, mi Tramontana

Oculta por los zarpazos del viento norte
Al otro lado del monte conque te hermanas
Me has hecho perder el rumbo por tanto tiempo
Que nunca he podido hallarte, mi Tramontana

Soberbia como tu nombre que nunca olvido
Tan vanidosa y altiva, tan soberana
También perdiste la huella que da a mi puerta
La puerta clara que da a mi pecho
Y hasta ese pecho, mi Tramontana.
Y me has dejado un vacío en las manos solas
Las manos tiernas que te buscaron
Sin encontrarte, mi Tramontana

A veces, cuando el camino me mata un poco
Y no distingo las sombras de tu ventana
Mi corazón se adormece mordiendo el alba
A la espera de que asomes, mi Tramontana.

Julio 2003

LA TREGUA

El fuego de un cigarro brilla allá
El humo flota y muere al ascender
Entre la hierba siento sollozar
Porque esta no es la paz
La tregua apenas es

La guerra apesta inmunda alrededor
Mientras te escribo sobre mi fusil
Tal vez la última carta de amor
No quiero tu dolor
No quiero tu dolor
Pero hoy lo presentí

La única verdad no es el napalm
Ni es el cañón
Todo mi ser quiere escapar ante la cruel
Obligación
De asesinar a quien jamás
Yo conocí
Yo conocí

Hoy recordé de pronto mi niñez:
Vi el cielo azul, el tiempo que pasó
Mi hermano al sol, corriendo entre la mies
Mientras aquí matábamos los dos

Dile a quien quieras que ya desertó
Que se fue lejos, que no volverá
Yo buscaré la flor que no encontró
La flor de la verdad
Y la echaré en la tierra donde está

La única verdad es una gran
Fraternidad
Mi mano niega la mortal
Resignación
De disparar a quien jamás
Yo conocí
Yo conocí

El fuego de un cigarro brilla allá
El humo flota y muere al ascender
Entre la hierba siento sollozar
Porque esta no es la paz
Porque esta no es la paz
La tregua apenas es

1969

LA VENTANA

Miré tu cara por la ventana
Y en cuna firme
Pesado sueño se convocaba
Para cubrirte
Ay ay ay
Para cubrirte

Tiempo tras tiempo te fui cuidando
Por la ventana
Donde los libros letra por letra
Se te entregaban
Ay ay ay
Se te entregaban

Cuántas ventanas tiene la vida entera
Cuántas ventanas
¡Quién lo creyera!

Por la ventana que el estudiante
Triste vigila
Oíste un día la voz quemante
De la guerrilla
Ay ay ay
De la guerrilla

Y otra ventana —tiempo más tarde—
Te dio el encierro
Y en vez de vidrios tenía dedos
De hierro negro
Ay ay ay
De hierro negro

Cuántas ventanas tiene la vida entera
Cuántas ventanas
¡Quién lo creyera!

Cortaste el hierro, saltaste el muro
Corriste afuera
Y la metralla volteó mi sangre
Sobre la tierra
Ay ay ay
Desde tus venas

Duerme tan hondo bajo la piedra
El hijo niño
Pero en la lucha del guerrillero
Viviendo altivo
Ay ay ay
Yo lo diviso

Con cada hombre caído, hora tras hora
Crece la lucha
Libertadora

1969

LA VIDA TOTAL

El amor es un orgasmo entre dos lágrimas
La lágrima es un lago rodeado de estertores
El estertor es un volcán de viento
El viento es el camino de los cantos
El canto es un misterio de la boca
La boca es un abismo antes del pecho
El pecho es otro abismo entre dos sangres
La sangre es el motor que nutre el acto
El acto es una danza contra el tiempo
Y el tiempo es lo que mide los espacios hasta aquí
Enumerados

La cabeza es un nudo sobre el cuello
El cuello es como un istmo entre dos selvas
La selva es el ancestro del desierto
El desierto es un cuerpo ya bebido
Beber no amaga el fuego en la conciencia
La conciencia es otro reloj de arena
La arena hace del cacto un rey antiguo
Lo antiguo nos modela como a un niño
Un niño es el pasado de los cuerpos
Y el cuerpo es un combate que se pierde

Y así

La vida es un espacio exacto entre dos muertes
La muerte es un espacio exacto entre dos fuegos
El fuego es un espacio exacto entre dos fríos
El frío es una llama bajo cero
El cero es el silencio antes del número
El número es el verbo matemático
Lo matemático es el cálculo de la realidad
La realidad es lo único increíble
Lo increíble es lo que no podemos
Y lo que no podemos es lo que queremos.

1975

LAS CAÍDAS

Cayó el rayo en los mares
Cayó la estrella
La luz venezolana
Cayó con ella
Cayó el llanero inmóvil
Rotas las sienes
Y cayó cosechando
Furia y desdenes
Pérez Jiménez

Cayó la piedra negra
La piedra blanca
Cayó el ciclón bordando
La lluvia en ancas
Cayó la mano entera
La mano lista
Y el cerdo que en La Habana
Clavó la arista;
Good bye Batista

Cayó la siembra pura
Cayó la espiga
Cayó el varón altivo
Y la hembra amiga
Cayó Santo Domingo
Bajo el rastrillo
Cayó el rufián sangrando
Y no fue sencillo
Darle a Trujillo

Cayó el sol de la aurora
El de la siesta
Cayó el salvadoreño
Su sangre a cuestas
Cayó el libro en el fuego
El hombre entero
Cayó el ratón de gorra

El tal Romero
Se fue primero

Cayó lo más granado
De Nicaragua
Cayó el muerto de tierra
Y el muerto de agua
Cayó la escuela ardiendo
La fiera moza
Y cayó el cruel bastardo
La sucia cosa
Que fue Somoza

Y seguirán cayendo
Nadie lo duda
La libertad trabaja
La sufre y suda
Y al final va limpiando
De nuestro suelo
El excremento estéril
Del tiranuelo

Ay qué consuelo

1981

LAS RAÍCES DEL LLANTO

Los parques y las plazas fueron hechos
Para albergar palomas y parejas
Capitana de besos y susurros
Anémica regente de los sueños
La luna baja al mundo por su escala
Y deja quemaduras en el pecho
Ella organiza un nudo con las manos
De dos desconocidos que se encuentran
Se miran a los ojos y despiertan
Convencidos de haberse amado siempre

Y en el palomar son dos palomas
En el hormiguero dos hormigas
Dos águilas son en la alta piedra
Dos pequeños peces en la fuente
Dos arañas que hablan de rincones
Dos baguales sueltos en el llano
Dos bocas hambrientas devorando
Un fruto caliente en el jergón

Y unen sus cinturones, sus zapatos
Sus cabellos, sus dientes, sus temores
Sus pasados de niebla, sus presentes
Sus futuros de niebla, bajo el árbol
El árbol inicial, el primer árbol
Que habrán de recordar por tanto tiempo
Sin saber que esa dulce bestia verde
Era en el aire la raíz del llanto

1973

LAUTARO EN EL VIENTO

Pues si alguno lo pregunta di
Que es un río que en la noche va
Que recorre el bosque
Que desborda el llano
Que hunde su puño en el mar
Que es cascada en la mañana indiana
Con las olas de la libertad

Lautaro llegó en el viento
Trayendo lanzas de claridad
Celaje de piel oscura
Tormenta altiva que viene y va
Relámpago en la espesura
Alzó en sus manos la dignidad
El bosque encontró en su acento
La voz antigua de un redentor
Y los pendones de España
Fueron mortajas del invasor

El descanso del guerrero es cruel:
Por la noche vino la traición
Un sangriento tajo
Que enlutó a la patria
Le abrió en cruz el corazón
Y en la luz de la mañana indiana
Una raza invencible lloró

Lautaro se fue en el viento
Llevando lanzas de claridad
Celaje de sangre oscura
Tormenta altiva que corre al mar
Relámpago en la llanura
Alzó en sus manos la dignidad
La espada cortó el acento
Que a la foresta prestaba voz
Y lámparas de copihues
Lo iluminaron en el adiós

Ay del pueblo que quería vivir
Sin cadenas en la soledad
Ya se fue Lautaro
Con la luz en brazos
Y es de piedra su mirar
Pero al irse nos dejó encendidos
Los copihues de la libertad

1965

LLEGÓ VOLANDO

Llegó volando el cuervo sobre mi suelo
Para sembrar las ruinas y el desconsuelo.
Durante largos siglos los Yanaconas
Le entregaron las llaves de la corona.
Durante largos siglos fue ensangrentando
El suelo de los pueblos que iba violando.
Perforando las tierras de la labranza
Para escarbar el oro de la templanza.

Se limpió las dos manos con mi bandera
Y no faltó en mi patria quien aplaudiera.

Porque hay desventurados que por migajas
Besan la bota sucia que los ultraja.

Hay algunos que se hinchan con gran esmero
Sirviendo la codicia del extranjero.
Y otros que se solazan con 10 dólares
Entregando su pueblo a los militares.
Un paredón exijo con cal y canto
Para que el pueblo juzgue de tanto en tanto.
Mientras llega la aurora tarde o temprano
ajusticiando los gritos americanos.

Llegó otra vez volando el cuervo insaciable
Trayéndonos su sombra interminable.

Pero no está lejano el día inclemente
En que Chile se yerga contra los sables
Para anunciar la aurora del continente.

Chile, clandestino, noviembre de 1973

LOS AMANTES DEL LAGAR

Estás alegre y cantas de reojo
Jamás el vino entró en cueva tan clara
Al trasegar mi beso aleteó tu ojo
Y fue cual si mi sangre parpadeara

Espero ser bebido cara a cara
Espera ser libada a tus antojos
Si una sed semejante yo criara
Soñaría tu sangre un vino rojo

Después de todo y ante nada acaso
Embriagándonos ambos sin clemencia
Nademos tiempo adentro en el lagar

Me bebes hasta hacer de mi horma un vaso
Te bebo y cuento ahogar mis impaciencias
Pero ellas aprendieron a nadar

1990

LOS BARCOS EN LA NOCHE

Ojos oscuros que clavan
El brioso destello
Querido y mortal

Boca que amándome quema
Como un fuego fatuo
Sin dejar señal

Y sus despedidas
Que un día pudieran decir
El adiós fatal

Otra vez la fiesta de la vida
Vuelve a regar mi terco corazón
Y olvidando antiguas agonías
Me entrego en cuerpo y alma a su calor
Apenas sé del día que resbala en el cenit
Los fuegos del nadir yo llevo en mí
Y siento la existencia crepitar bajo mi piel
Porque es feroz
La suavidad
Del hierro cruel

Pero sé que todas las palabras
No han de amarrar las vidas de los dos:
Puedo ver los barcos en la noche
Partir buscando el clima del adiós
Pues bien: así se irá
Secretamente, sin dolor
Y nadie habrá sabido que existió

Mas cuando crezca ardiendo la ilusión
De que aún está
Mi mano a tientas
Como un ciego
Buscará

1969

LOS BRINDIS DE LA CICUTA

Brindo, pues, dijo ensangrentado un vaso
El torturado más antiguo del globo:
Considero mi punición un robo
Y mi áspero cadáver un fracaso
Pero hay que ser austero en estos casos
Yéndonos por las sombras amarillas
Hasta que se de vuelta la tortilla.

Me incorporo a este inhóspito brebaje
Terció de pronto un condenado a muerte
Para brindar, si se extravió mi suerte
Por esa cuerda que urgirá mi viaje
De la que espero sobre algún mendrugo
Para que en otro instante del ultraje
Ciñan con él la nuez de mi verdugo.

Hablaron dos, quemados por la mano
Paranoica del Buitre General
Uno en su tumba, la otra en su hospital
Convertidos en carbones humanos
Brindo, dijo esta última, de veras
Para que cuando el sátrapa inhumano
Sea enjaulado entre las otras fieras
Por una eternidad mi faz lo hiera.

Brindo yo, contestóle una violada
Por estas violaciones incorrectas
Para ser breve, lóbrega y directa
Garantizo que estoy en la estacada
Que educaré al bastardo en luz airada
Y a sus presuntos padres veré un día
Capados filialmente a sangre fría

Yo brindo, terció mudo un degollado
Por el espectro de mi acento muerto:
Mi decir, mi cantar, mi soplo cierto,
Que un cuchillo apagara despiadado

Os darán argumentos consumados
—Me permito anunciarlo de antemano—
Para que un día de metal airado
Veáis al ruin y a todos sus criados
Flotando en un gran río de gusanos.

1989

¡Viento del llano!

Viento del llano:
¡Viene Carrera, ay!
¡Viene Carrera, sí!
¡Viene Carrera, ya!
Batiendo aceros
¡Contra el imperio, así!

¡La mano armada!

La mano armada
¡Y Chile tiembla, ay!
¡Y Chile espera, sí!
¡Y Chile salta, ya!

¡Viento en la cumbre!

Viento en la cumbre:
¡Viene Rodríguez, ay!
¡Viene Rodríguez, sí!
¡Viene Rodríguez, ya!
Como una lumbre
Que el pueblo sigue igual

¡Armado el brazo!

Armado el brazo
¡La frente clara, ay!
¡La frente limpia, sí!
¡La frente firme, ya!

El uno pasó y el fuego prendió
El otro brillaba y el fuego llevaba
Los pechos alzaron, las manos armaron
Y al fondo del pueblo
Se multiplicaron

¡Viento del tiempo!

Viento del tiempo
Y auroras fieras, ay
Y auroras fieras, sí
¡Y auroras fieras, ya!
Los llama el pecho
Como banderas hoy

¡Habrá como ellos!

Habrá como ellos
¡Aunque no quieran, ay!
¡Aunque no quieran, sí!
¡Aunque no quieran, ya!

El uno pasó y el fuego prendió
El otro brillaba y el fuego llevaba
Los pechos alzaron, las manos armaron
Y al fondo del pueblo
Se multiplicaron

1974

LOS MARES VACÍOS

Coge las redes y vamos que avecina el temporal
Hay que salir esta noche
O nos morimos sin pan
Ya eres un hombre y conmigo
Codo a codo pescarás

Fría la luna flotando se tendió sobre la mar
Y los puños de la espuma
A la roca herían ya

Madre: déjalos que vayan
Pues son hijos de la mar

Un rayo cortó la sombra con cuchillo de cristal
El trueno estalló silbando
Contra el rostro de la mar
Altas las olas ardieron
En los rumbos de la sal
Qué noche negra cruzaron con la red que busca el pan
Para que el hambre no entrara
Por la puerta del hogar

Madre: déjalos que vayan:
De aclarada volverán

Las altas velas se abrieron sobre el pecho de la mar
El horizonte sombrío
Las cubrió de inmensidad
Pesca de plata y espuma nuestras redes cogerán
Pero la noche traiciona
Con temblor de tempestad
Y tras negros nubarrones se quebró la claridad

Madre: déjalos que vayan
O morimos sin el pan

Ellos se fueron un martes: ¿en qué martes volverán?
Tenles un cirio prendido
Para verlos al llegar
Nunca habrá noche más negra
Que la que les dio la mar
La tormenta está calmando
Se abre el cielo en luz boreal
Y en lo alto está brillando una estrella y otra más

Madre, duerme: yo vigilo:
Está tan vacía la mar

1965

LOS RÍOS DE CHILE TIENEN DUEÑO

Yo nací en tu orilla, río tan antiguo
Y sabía entonces que eras algo mío.
Me mojé en tus aguas como en una fuente
Que brotaba desde lejanos afluentes.
Cómo no decirlo, yo que soy tan tuyo
Y llevo en la sangre tu ruido y tu orgullo,
Y quiero decirte, cuando ya envejezco
Que mojaste el mito en que ahora crezco.

A pesar de todo regresé a mi cuna
Una tierna noche en que sangró la luna
Y bebí en tus aguas sagaces y ahora ajenas
Un vino muy frío que alumbró la aurora.

Bebo sangre amada de todas mis gentes
Y que alguien en tu arena remató inclemente
Y para cumplirles yo he venido ahora
Y así los saludo amistosamente.

Pues me echaron lejos de tu orilla suave
Y por eso ignoro tu historia reciente.
Río tan antiguo, corazón de Arauco,
Arteria que riega mi carne doliente.

CODA:

Y aunque no conozca tu historia reciente
—pues me echaron lejos de tu orilla riente—
Y aunque vengo viejo, duro y muy gastado,
Para mí eres todo lo que fue el pasado.
Para mí eres todo lo que ungió mi vida,
Río tan antiguo, mi sangre y mi herida,
Y eres ese sueño que tanto he soñado
Durante un exilio duro y maltratado.

2010

MANIFIESTO ESENCIAL

Medio a medio entre dos grietas
Que cuelgan flotando de espaldas al cielo, piam
Y árida espuma sufrida
Y crucial resolana barriendo las pircas
Han ataviado de nuevo
Mi raza de Chile con pólvora y sangre, piam
Sólida boca
Despierta pupila
Terrores trenzando sus bridas
Horno de los carniceros:
La hoguera descarga sus llaves atroces, piam

Cuídate mi pueblo

Yo te conozco y conservas intacto el
Ansioso pezón de tus montes, piam
Y te conozco y resguardas el vientre arrogante
De todos tus ríos
Lloverá sangre y ceniza como de costumbre
Si a hierro te hirieron, piam
Y esta certeza alimenta la terca
Vigilia que me ensancha el ojo:
Veré flotando en su linfa los cuerpos vencidos
De nuestros verdugos, piam

Vivirás mi pueblo

Quien ha llegado a tu médula
Y quien ha bebido en tus
Ácidas fuentes
Piam

Cargará en hombros los
Túmulos hoscos que
Eleva la
Sangre secreta

Y ha de copar en la boca tus
Nieves amargas
Y un viento
De fuego
Piam

Y ha de fundir en el pecho
Veloces
Vertientes
De orgánica lava

Y ha de saber que las lanzas
De Arauco
Vendrán una noche
Matando
Piam

Te alzarás mi pueblo

1980

MARCHA DEL FRENTE PATRIÓTICO
MANUEL RODRÍGUEZ

Como la sombre de la memoria viva
Vuelve al combate frontal Manuel Rodríguez
Alto y duro como un rayo interminable
En contra del mismo tirano inmemorial

Vuelve encendiendo la guerra necesaria
Trae en las manos el fuego que castiga
Viene y va con sus milicias invisibles
Para señalar que un hombre nuevo crecerá.

La patria está tan mal
Manuel la pondrá en pie
Doblegando la noche sin gloria
Elevando al hombre hasta su historia
Ayudando al pueblo en su victoria
Con la urgencia de su dignidad.

Al Frente Patriótico Manuel Rodríguez ven
A conquistar con él
La vida, el pan, la paz
Con el Frente Patriótico descubre la unidad
Que al que divide hoy la historia enterrará
A las Milicias Rodriguistas únete
Porque esta vez la patria va a vencer.

Si un combatiente te pide el pan y el vino
Si un Rodriguista detiene su caballo
No pongas un candado en tu conciencia
Ni niegues tu mano a los que en la calle están.

Él es un claro Rodríguez por su padre
Es un Manuel y es tu hermano por la patria
A la lucha va con otros cada día
Empuñando las armas que nos libertarán.

Porque la patria está tan mal
El frente la alzará
Doblegando la noche.

....

1985

MATARON A MI MORENA

Mataron a mi morena
En una calleja oscura
Tras una esquina desierta

Enfermos de vino y noche
Mojados por fiebre espesa
Mataron a mi morena

Una mano rabiosa
Le abrió dos ríos
Para que se vaciaran
Sus pechos míos

Una mano rabiosa
Le abrió dos ríos

Le abrió dos ríos sí
Con daga fina
Y se volvió morena
La honda neblina

No escuchaste mi ruego
Moreno fuego

1965

MEDIANOCHE

Ven a beber conmigo en doce copas
Doce campanas esta medianoche
Escucharás al bronce congelado
Tañendo nuestro adiós con doce voces

Ven a besar conmigo en doce copas
La nieve amarga que fundó este invierno
Sobre la altura de mis sienes y este
Desamparado corazón que tengo

Ven a morder conmigo en doce gritos
Los labios de un dolor ya redoblado
Será la última boca que tú beses
Cuando vayas camino del ocaso

No bien bebas conmigo el sorbo amargo
En la voz gris de los metales ciegos
Vendrá esta medianoche repicando
La eternidad de nuestros dos destierros

1992

MIJITA AMABA LA GREDA

Cogía con ambas manos
La greda enana y la hacía crecer
Guardaba el barro más raro
Para endulzar su día de miel

Cantaba con su voz de greda
Para moldear la luz por nacer
Y con racimos de greda
Le daba vino al atardecer

Mijita amaba la greda
Y eran sus pechos de greda y pan.
De greda su rostro claro
Su vientre blando
Su pie total.
La greda fue un barro vivo
En sus caderas de hambriento andar,
Y la comba de su vientre
Era caliente como un salar.

Con su mirada de greda
Fijaba en grada la claridad.

Mijita amaba la greda
E hinchó de greda mi corazón.
Con dos ovillos de greda
Tejió ventanas a mi emoción.
Le dio a mi vida dos formas:
Forma del agua y forma del sol.
Y un día, como si nada,
Partió a la greda y no regresó.

¿Será tal vez greda muerta?
¿Confundió la greda su azar?

Mijita amaba la greda
Y ahora es de greda la eternidad.

1993

MORIMOS SOLOS

Finalmente, esta carta
Fue escrita como en sueños,
Labrada fue entre sueños
Como una piedra enorme.
Y el dolor y el amor la cubrieron de signos
Convirtiéndola entonces en cauce de tu nombre.
Está escrita en pasión
Y digo adiós con ella
Porque el amor corona
Las vidas con adioses.
Está escrita con vuelos
Que no tienen regreso
Pero con estas manos
Que tú tan bien conoces

Amor mío: es de noche
Y noche es cuanto escribo
Sintiendo cómo duermes sin mí cuando me llama
La humanidad herida que solloza en la tierra.

Amor mío: me esperan
En tantas latitudes
Con un fusil oscuro
Y una lágrima negra
Y una mano empuñada
Y una bandera rota
Y una esperanza dura
Como torre de piedra
Que entre amar a tu amor
Y amar cien mil dolores
No queda otro camino que seguir la sentencia
Del amor combatiente sangrado día con día
Aunque muramos solos, cada cual en su estrella.

Al partir yo desato los nudos de estas vidas
Y en el pecho no guardo
Sino tú nombre mío,
El nombre que tan sólo
Yo sé sobre la tierra

1970

MUERTE Y RESURRECCIÓN DE VÍCTOR JARA

Desde que se agrupó el canto
En el fondo de la boca
Desde que el pecho coloca
Sus clamores como un manto
El tirano siente espanto
El pobre siente alegría
Cuando la voz desafía
A aquel que la desafiara:
Por cantar fue Víctor Jara
Fusilado a sangre fría

Los que rompieron su pecho
Salpicando allí amapolas
No saben que el canto es ola
Que vuela sobre los techos
Podrán acallarlo un trecho
Podrán mancharle la cara
Pero el brazo que dispara
No puede contra el que canta:
Por sellarle la garganta
Mataron a Víctor Jara

Sin cuerpo nace el juglar
Nace con voz solamente
La satrapía inclemente
Cuando lo escucha cantar
Busca en su cuerpo cortar
La raíz que el canto asile
Su boca volcanes miles
Sus manos montañas raras
Al matar a Víctor Jara
Llenaron de Jara a Chile

Un canario ensangrentado
Un gorrión de huesos rotos
Un zorzal sin alboroto

Fue su cuerpo acribillado
De sus dedos machacados
De su boca destruida
Se escapó la voz herida

Y se echó a volar al mundo
Y ahora canta tan profundo
Víctor Jara ya sin vida

En algún lugar de Santiago, septiembre, 1973

NO CIERRES LOS OJOS

Vienen de las cordilleras
De la pampa, de la estepa
De los bosques, de las islas
De los llanos o del mar
Son de cobre, son de hierro
Son de lana, son de roble
Son de arena, son de nieve
Son de piedra, son de sal
Son hombres de mi país
Repartidos al azar
Que empuñando su esperanza
Y blandiendo sus jirones
Y esgrimiendo su confianza
Fueron a las elecciones
A ganar

No hay traición que no conozcan
No hay mentira que les pasme
No hay dolor que no les duela
No hay lección por aprender
De la sangre rebrotaron
De la cárcel escaparon
Del cadalso se esfumaron
Y ahora quieren el poder
Lo soñaron con sudor
Tras dos siglos de esperar
Y hoy el tiempo es menos duro
Porque abrigan la certeza
De que el triunfo está seguro
Y ningún poder del mundo
Lo herirá

Cuida tu poder
Vete a vigilar
No cierres los ojos, no vayas a despertar
Como ayer

Perseguido y humillado
Despojado y ofendido
Confundido y maltratado
Fuiste en tiempos del rencor
Siempre acecha el enemigo
En la sombra más espesa
Si te duerme la certeza
De sentirte triunfador
No te acuestes a vivir:
Vete afuera a combatir
La victoria está distante
De tu mano todavía
No lo olvides un instante
Noche y día no lo olvides
En tu ser

Cuida tu poder
Vete a vigilar
No cierres los ojos, no vayas a despertar
Como ayer
Como ayer
Como ayer

1970

PALIMPSESTO

A Joan Manuel Serrat

Huelga deciros que yo os quiero más
En la profunda pulpa de antesueño
Cuando el glaciar se reconvierte al sol
Y se nos va el esperma en el empeño
Y se nos cuaja el ceño de cenizas
Ávidas de hendir el cavilar del leño

Huelga deciros, Libertad Osuna
Que os sueño arando en hierro y suave azote
Volviendo a errar y a herrar sin miramientos
Sobre un caballo y sobre un brioso brote
Que es una forma de entender amar
Y otra jornada que vencéis al trote
Con ansia de echar
La tierra a mugir
La luz a rodar

Huelga dudar que Libertad amando
Me vuelva a herir la gana regresando

Qué hambre tener que Libertad Osuna
Os una en la memoria del ultraje
Os rememore y os despierte al vuelo
Os llene el corazón con los corajes
Os arremeta sin parar la estancia
Oscura en que bebéis
La injuria y su brebaje

Qué hombre volver para que Osuna libre
libre su nombre y su veloz corpiño
Su vientre cuarzo y su agonía historia
Y sus cadenas, su reloj, su niño
Y os avecine, os una y os ausculte
Con sus dos manos y sus tres cariños
Y su refulgir
Su oficio de herir
La luz por venir

189

Si nos va a arder la gana en toda luna
Y hemos de andarla juntos tierra a tierra
Que en las raíces Libertad nos una

1981

PARA VARIAR

Para variar, la que me amó me odió
Cerró los ojos claros de verdad
Y en la negrura en que su azar me confundió
Me aprisionó una cierta oscuridad
Para variar, para variar, para variar

Para variar, se fue sin despedir
Cerró la puerta y me quitó la mar
Y me quitó luna y marea sin medir
La más sangrienta luz crepuscular
Para variar, para variar, para variar

Para variar, la vida me mordió
Me hizo una torva herida en la razón
Borró el tatuaje en que un puñal sangró
Después de doblegar mi corazón
Para variar, para variar, para variar

Para variar, no supe qué pasó
No pude atarla a mi pasión voraz
Y se alejó tan rauda como un día llegó
Sin dar siquiera una mirada atrás
Tierna y feraz
Dulce y locuaz
Ciega y fugaz

2004

PORQUE TE AMÉ

Porque te amé
Las flores enviudaron
Cayó una estrella
Herida por los celos,
Entró el verano en mi alma
Y murió el hielo
Y suaves picafloras
Me injuriaron.

Mi invierno se fue al sol
Porque te amé,
Retrocedió la noche atormentada
Como una negra copa ya vaciada,
Porque te amé, porque te amé,
Porque te amé.

*

Porque te amé
Dormí en el paraíso,
Rompí los nudos,
Liberé el secreto
Me hice visible,
Cómplice y concreto,
Y me dejé caer bajo tu hechizo.

Y anduve mundo acompañándote,
Con una mano
En que cabía tu mano,
Al paso firme de mi amor pagano,
Porque te amé, porque te amé, porque te amé.

Nació tanto rosal y todo fue:
Casas amadas, lechos y ventanas
Y cada vez que abría la mañana
Despertaba feliz llamándote.

El mar me descubrió
Porque te amé
Me descubrió la hierba
Y el rocío, me descubrió lo ajeno
Y lo que es mío,
Y ya nunca te irás,
Aunque no estés.

Lancé al abismo el corazón sin fe,
Abrí mi pecho
A la dulce aventura,
Y te deberé siempre tanta altura,
Porque te amé, porque te amé,
Porque te amé.

Verano 1998

PUSCHKIN

A Nicanor Parra

No sé quién quiso de los pájaros altivos
Un invento de las jaulas,
Ni quién dijo que la idea en movimiento tiene el signo
De la cárcel sobre el rostro,
Ni quién piensa que es posible reducir a cuatro muros
Los mil puntos cardinales,
Ni quien paga tal tributo a su ceguera prodigiosa
Construyendo la colmena

Yo no sé cómo los poderes desdeñaron
El secreto de las celdas,
Si un gorrión llamado Puschkin inventó la lengua rusa
En las mazmorras de su tiempo
Si con una sola mano maniobrando entre ladrillos
Dio Cervantes luz a España,
Y si el suelo del presidio ha sido el surco más fecundo
De la América insurrecta

Hay quien cree que cerrando la ventana
Se estrangula al horizonte
Hay quien sueña con la miel encarcelada
Cercenando sus sabores
Hay quien copia a las abejas laboriosas
Su dinámico presidio
Y hay quien cuenta con la opaca religión
De la colmena
Para ahogar la voz del mundo

Considerando que en regiones vespertinas
El más libre está en el cepo
Que se culpan mutuamente los patrones de la tierra
Regentando cautiverios
Que los hombres no se callan
Ni ante el tórrido expediente
De un zarpazo carcelario
Y no pocos dieron vida a continentes meditando
Entre las lóbregas mazmorras

Considerando que en las eras centelleantes
Se hace escuela un calabozo
Que no sirven para nada los barrotes ni el guardián
Como soportes del paisaje
Que se extiende en la ciudad multiplicada la urticárica
Repulsa de las rejas

Y reculan los poderes con cautela ante el plantío
De evocantes alambradas

No se entiende que hay quien copia a las abejas
Laboriosas su dinámico presidio
Que hay quien brega todavía con la miel del Pensamiento
encarcelando sus sabores
Que hay quien cree que tapiando la ventana
Se aniquila el horizonte
Y que basta con la opaca religión de la colmena
Para henchir de mierda al mundo

2010

¿QUIÉN ERES TÚ?

¿Quién eres tú, que amándome de día,
me arrancas al peligro de la noche?
¿Quién eres tú, que con sabiduría
anulas todo el peso del reproche?

¿Quién eres tú, que siempre sosteniendo
Mi voluntad, me ofreces la segura
Ventana donde el sol está naciendo
Y me colmas de vida la aventura?

Quiero evadirme de esas horas graves,
Donde las cosas no son nunca claras:
Tal vez allí te espere la respuesta
A la pregunta que me depararas.

Pago tu amor con un amor fastuoso,
Más puro que la nieve y más humano
Que el agua que bebiste en otro pozo,
Y todo aquello que tocó tu mano.

1988

RAYO NEGRO

Soy yo ese rayo negro que partió en dos la sombra
Alumbrando la boca que ni nombre no nombra

Para herir el penoso silencio donde nada
Que me concierna suena como otra vez sonaba

Así torcí su oscuro designio de olvidarme
Y así aplasté en sus sueños el mal de condenarme

Y le entreabrí los brazos con un cuchillo suave
Hasta llenar su pecho de tumultuosas aves

Y aflojé las verdades de su falso sollozo
Y me escondí en su vientre —el más urgente pozo—
Como ganando al tiempo la paz de mi reposo

No bien esa violenta caricia me hizo claro
El momento confuso donde se apaga un faro

Comprendí que un gran nudo me aprisionó en sus arcos
Atándome a mis actos como se atan los barcos

Le fue imposible al río llevarme mar afuera
Porque el agua no pudo con mi alma prisionera

Y el hallazgo ablandó la presión de mi marcha
Tatuándome en el pecho —con agujas de escarcha—

Un dibujo infinito donde transfigurado
Para siempre entreví bajo ese rayo airado
Mi corazón despierto de nuevo encadenado

1999

RÉQUIEM
PARA SOLISTAS, CORO MIXTO
Y ORQUESTA SINFÓNICA

Para los detenidos,
desaparecidos y ejecutados de nuestra América

OBERTURA INTRODUCTORIA

RIN

Atándole una piedra
Sumerjo un sueño más
Quitándole un ladrillo
Descubro un derrumbe más
Ensanchando mi paraguas
Anuncio un presagio más
Arrodillando mi miedo
Activo otro miedo más
Quitándole una piedra
Gatillo un presagio más
Anunciando otro derrumbe
Sumerjo un sueño más
Arrodillando los sueños
Descubro otro miedo más
Gritándole a la muerte
Tengo una certeza más
Reduciendo mi paraguas
Voceo un derrumbe más
Renunciando a los ladrillos
Cancelo otro miedo más
Poniendo de pie los sueños
Descubro un presagio más
Cediendo frente a la muerte
Doy otra certeza más

Gritándole a la muerte

Descubro otro miedo más

Gritándole a la muerte

Sumergiendo cuatro piedras

Señalo un derrumbe más

Derrumbando el presagio

Arrodillo un sueño más

Gritándole al paraguas

Activo un ladrillo más

Consagrándome a la muerte

Anuncio otro duelo más

Sumergiendo cuatro piedras
Señalo un derrumbe más
Derrumbando los presagios
Anuncio otro sueño más
Activo un ladrillo más
Presagio otro duelo más

Coda: recitada en coro griego

Hay voces anunciándome
Tantas desolaciones
Hay tumbas excavándose
Por mis ejecuciones
por mis sepultaciones
Y desapariciones

Cueca

Ay victoria vencida
Guitarra y tierra
Y tu canto enterrado
Bajo la greda
Y tu llanto sonando
Sobre la tierra
La victoria vibrante
Cálida y fuerte

Fue quebrada por hierros
De la alta muerte
De la alta muerte, ay sí
Que me coronó de espinos
De la alta sombra, ay no
Que bifurcó mis caminos
Áspera mandamás
La muerte me fue extraviando
Por caminos en que
Ninguno iba caminando
La muerte me llevó
A otras sendas desandando

——

Una noche más otra
Sombra tras sombra
La muerte no me llama
Pero me nombra
Una noche me llama
Otra me nombra

Más me cubre la niebla
Donde perezco
Cuando llega la noche
Desaparezco

Desaparezco, ay sí
Devorado por la historia
Más permanezco, ay no
Moviéndome en tu memoria

Allí viviré sin sol
Seré memoria y ultraje
La tierra me cubrirá

Como tú vagaré
Con mi sombra en el paraje
Y allí viviré sin sol:
Seré memoria y ultraje

Hay voces anunciándome
Tantas desolaciones
Hay tumbas excavándose
Por mis ejecuciones
Por mis sepultaciones
Y desapariciones

Tonada

Mujer:

Amor mío, dondequiera
Que te oculten yo te encuentro
Como si tu tumba fuera
Un sitio que llevo dentro
No puedes irte muy lejos
Si tú habitas en mi centro

Hombre:

Porque habitaba en tu centro
Ay ay yo nunca he partido
Mi tumba está en tu regazo
Y mi muerte en tu gemido
Encuéntrame donde yazgo
Y recuerda lo sufrido

Mujer:

Amor mío: mi regazo
Te ofrezco como un amparo
Apriétame con tus brazos
Ocupa mi pecho claro
No busques en las tinieblas
Mi corazón es un faro

Coda:

No busques en las tinieblas
Mi corazón es faro

Final

Introducción: Cantando

Llegamos a cosechar el suelo

Llegando

Quisimos conjurar el desvelo

(Pasaje instrumental)

Queriendo

Logramos exorcizar el duelo

Yo espero todo
Yo espero todo lo seguro
La espera está en el fruto
De este incesante amor con futuro

En tu futuro
Yo espero el fruto ya maduro
Destino de este pan robado
Que coció el fuego de un tiempo duro

Duró la espera
Por la gran espiga silvestre
Que sorbe levadura
Desde la tierna copa terrestre

Terrestre zumo

Yo aguardo el zumo que me deben

Deben un beso de agua

A mis dos labios que no se mueven

Que no se mueven
Porque la sed se me hace larga
Pero ellos ahora pueden
Dulcificar esta lengua amarga

La lengua amarga
Sólo saciada con rocío
Y el ojo que se alarga
Hasta la vena caudal del río

Del río solo
Que va torciendo tanta pena
Junto a mi cuerpo inmóvil
Cubierto por vasta tierra ajena

La tierra ajena
Donde reposa el sueño herido
Y desde donde crece
Un árbol fuerte como el aullido

Aullido terco

Que brota helado de mi pecho

Y como yo perece

Tan silencioso como deshecho

Deshecho el día

Se ha confundido con la sombra
Y sólo puedo oírte
Cuando tu voz genital me nombra

Nombra mi ausencia
Y nutre tu tenaz recuerdo
Porque el olvido quiere
Encadenarme a su pozo lerdo

Lerdo es el tiempo
Y la pasión ya se ha disuelto

Porque me esperas
Porque me esperas y no he vuelto

Vuelto a tu lecho
De suave lino y dulce almohada
Tan cerca de la tierra
Áspera y pura como una espada

(Largo pasaje instrumental)

Queriendo

Logramos exorcizar el duelo

Yo espero todo

Yo espero el día ya maduro

El día es fruto

Que riega el zumo del futuro

Futuro grande y lerdo

Yo aguardo el zumo que me darás

Más se demora el cristal y más

Crece la sed que tú saciarás

Yo quiero un fruto con futuro
Yo quiero un tiempo ya maduro
Yo quiero un día menos duro
Y el fuego seguro
Yo fructifico con la espera
Yo multiplico mi quimera
Yo alzo mi sangre duradera
Porque el sol volverá

2004

RETRATO

De amplia miel era su
Corazón en agraz
Y su boca locuaz
Como un viento fluvial
La corriente total
De su sangre en acción
La arrastraba en turbión
Convencido y caudal

No fue extraña al telar
Por la usina pasó
A la greda volvió
Regresó de la mar
Y a mi lado durmió

Germinó con aquel
Resplandor maternal
Que la hacía panal
Y la henchía de ser
Y aprendió al comprender
Y comprendió al pensar
Y pensó al militar
Y militó al crecer

No fue extraña al telar
Por la usina pasó
A la greda volvió
Regresó de la mar
Y a mi lado soñó

Cuando ardió la ciudad
Cuando el tanque arrasó
Y su pueblo cayó
Traicionado otra vez
La vi mucho a través
De los meses actuar
Trabajar, ayudar,
Desgarrarse los pies

No fue extraña al telar
Por la usina pasó
A la greda volvió
Regresó de la mar

Y desapareció

1978

SE SUEÑA EN TALES CASOS

Se sueña en tales casos con la ría
De miel que escurre el pecho del estío.
Distante está como una alegoría
Mas no por eso el sueño es menos mío.

Mas no por eso la emoción no alío
A aquel otro verano, en otro día,
Cuando el sol despegaba de los fríos
Peñones, y el mar rojo se fundía.

Este querer cobrarnos la revancha
Por tanta vida inútilmente obrada,
Bajo las botas lóbregas del lodo.

La sed de recobrar se nos ensancha
Mas la memoria está desamparada
Y lentamente nos naufraga todo.

1989

SEPA USTED QUE LO SUPE SEÑOR CEPO

Sepa usted que lo supe señor Cepo:
En su indecente oficio dio un traspié:
Creyó cazar al hombre por su espíritu
Cazándole los pies
Y es al revés

Sepa usted que lo supe señor Cepo:
En su quehacer lacayo dio un traspié:
Creyó cazar la dignidad del hombre
Cazándole los pies
Y es al revés

Sepa usted que lo supe señor Cepo:
En su tarea inmunda dio un traspié:
Creyó quebrar la voluntad del hombre
Cazándole los pies
Y es al revés

Sepa usted que lo supe señor Cepo:
En su mórbido empleo dio un traspié:
Creyó lograr la rendición del hombre
Cazándole los pies
Y es al revés.

Sepa usted que lo supe señor Cepo:
En su feroz trabajo dio un traspié:
Creyó lograr la esclavitud del hombre
Cazándole los pies
Y
Es
Al
Revés.

1990

SI QUEREMOS

Dedicada a los jóvenes,
allí donde se encuentren.

Si queremos
Podremos descubrir la nueva historia
Podremos inventar la voz del día
Podremos ver la luz de la memoria
Podremos construir con poesía

Si queremos
Escribiremos libros en los muros
Pintaremos un cuadro en cada estrella
Ataremos al mar un canto puro
La copla universal de nuestra huella

Si queremos
Llegaremos a hablar con el pasado
Si queremos
Transformaremos todo este presente
Si queremos
Modelaremos hoy nuestro futuro
Si queremos

Si queremos
Haremos tropezar al universo
Derribaremos astros incendiados
Calmaremos tormentas con un verso
Sembraremos los campos devastados

2001

SIRILLA TRISTE

Una llamada del mar
Quebró el cerco de sus brazos
Raudales de niebla fría
Sus ojos fueron borrando
Y en la bruma de los muelles
Se perdió con paso largo
No lloré para dejarle
El camino iluminado

Ay amor que te marchaste
Ay amor que te marchaste
Ay amor que te marchaste
Por el rumbo de los barcos

En el humo de los muelles
Flotan misterios amargos:
Jamás se sabe si vuelven
Los que perdieron el rastro
Mi corazón nunca pudo
Liberarse del presagio
Y se quedó en la ribera
Donde se estrellan los barcos

Ay dolor abandonado
Ay dolor abandonado
Ay dolor abandonado
En la estela de mi llanto

El pañuelo del adiós
Junto a tu beso mojado
Entibian mi corazón
Y me iluminan las manos
Algún camino hallaré
Para volver a tu lado
Nada nos puede apartar:
Ni el olvido ni el naufragio
Pero en un lugar del mar
Pero en un lugar del mar
Pero en un lugar del mar
Ay amor estás tardando

1968

SU NOMBRE ARDIÓ COMO UN PAJAR

Como la sombra de la sombra
Hacia la selva penetró
Días enteros caminó
Con el fusil y la razón
Entre las lianas reposó
Sobre las víboras cruzó
De clara pólvora vistió
Y a los pastores desplegó
Buscando fuerzas para alzar
La libertad agonizante

Y así fue que un día cayó
En la sierra el claro Comandante

Su nombre ardió como un pajar
Y la ceniza se esparció
Un viento claro la tomó
Por los caminos la llevó
Y en cada sitio de la tierra
Donde por él veló un pastor
Donde un obrero lo leyó
Y un estudiante lo escuchó
Y un campesino lo siguió
Creció el silencio ante su nombre

Y así es que vuelve a combatir
El Ché en la lucha de los hombres

El Ché es tal vez un muerto más
Pero su rayo relumbró
Cuando la ráfaga cortó
Su sangre en dos lagos iguales
El mes de octubre se trizó
Como un volcán o un vidrio azul
La inquieta América escondió
Su fría furia de metal
Y de la sierra al litoral
Abrió el dolor su flor amarga

Y era un asombro su final
Y es la batalla que se alarga

¡Pastor de la sierra: iré!

Iré, Comandante, iré

Hasta la victoria iré

Budapest, octubre de 1967

TAMARA BUNKE

El río al rodar
Alimenta con fragores mi dolor
Veo circular
El relámpago en la cruz del temporal
Y en el barro cruel
Donde duerme el frío encima de su piel
Siento parpadear
La mirada que dejara como adiós

La tormenta va
Enredando en los follajes su pavor
Sobre el lodazal
El cortejo de la lluvia cruza atroz
Solo y quieto estoy
Espantando los fantasmas de mi mal
Y mi corazón
Se repliega descifrando su final
En la noche que ahora brota de su luz
En sus muertos astros de mirada azul
En las gotas al sonar

Pero al descubrir
Las cenizas de la aurora digo adiós
Y me interno hacia las selvas otra vez
Abrazado al fusil

1969

TENERTE MORENA MUERTE

Dulce y morena
Grácil y esquiva
Flor de tierra montañosa
Bajó a la orilla
Bajó grácil y morena
Dulce y esquiva

Pechos de rosa
—Flor dividida—
Me llenó de sed la boca
Me abrió una herida
Me hirió con sus pechos rosa
Flor dividida

No te vayas sola terca amapola
Déjame tenerte morena muerte

El agua copia
Tus manos finas
Copia tu cara morena
Copia tu risa
Morena: el agua copia
Tus manos finas

Entre las hojas
De sed me muero
Cierva del bosque que lava
Junto al estero
Morena: entre las hojas
De sed me muero

No te vayas sola terca amapola
Déjame tenerte morena muerte

1965

TEOREMA

Sabes: ¿Si la estrella envejece
Y se apagan sus rayos
Adónde va su amor?

Cuéntame: ¿Si el árbol se desgaja
Y cae hasta la tierra
A quién espera ya?

Piensa: ¿No fue la primavera
La que brotó en tus brazos
Como un enredadera
De noche junto al mar?

Dime: ¿No comprendiste entonces
Que todo lo que tuve
Lo puse entre tus labios
Mojados por mi amor?

Cómo se fueron las quimeras
Por una senda artera
¡Que el tiempo ya quebró!
Dónde perdí tu sombra amada
Tu boca enamorada
¡El sol de mi pasión!

Siento que el peso de los años
Se fue llevando todo
Lo que había en mí de ti
E hirió mi eternidad

Ahora los vientos del olvido
Se han llevado tu nombre
Porque manchaste mi alma
Con la noción del fin
Con la emoción del fin

2002

UN CUARTO DE TOCOPILLA

Un cuarto de Tocopilla
Con una sola ventana
Y un par de trenzas queridas

Afuera la vida quieta
Adentro el amor llorando
Ay cuarto de Tocopilla

No te vayas de noche
No me hagas eso
Que me dejan la boca
Sin piel tus besos

No te vayas de noche
No me hagas eso

No me hagas eso, ay no
Fiera morena
Que en la calle te espera
Una condena

Tal vez —Dios no lo quiera—
Alguien pudiera

1965

UN HOMBRE EN GENERAL

Fue un girasol en trance de cabalgar
Fue una figura del sol que andaba a pie
Fue un crisol que fundió el nicaragüear

Podemos decir que fue
Podemos que es y va a ser
Podemos que era y será
Podemos decir que va
Con tanta Nicaraguá

Era un país quebrado en el tabú
Era un tabú trenzado al habitar
Un gobernar confundido en Belcebú

Y fue Sandino que en hueso volvió
El que puso la escarcha a somocear
El que braveó a su raza y la antorchó

Un hombre en General
(Fue girasol en trance de cabalgar)
Esa epopeya ordenará
Un hombre en General
(Fue girasol en trance de cabalgar)
(Fue una manera de sol que andaba a pie)

Y fue Sandino que en hueso volvió

1981

VAI PETI NEHE NEHE

(En dialecto de Isla de Pascua)

Vai peti nehe nehe
Vai peti nehe nehe
Vai peti nehe nehe
Vai peti nehe nehe
Hanga lai que'acoa
Hanga lai que'acoa
Hanga lai que'acoa

Te vai equemai i te po
Quirúa i tehenúa
Te hara e ha hara
Curé u ha i'ia cvoe te hara
I inna e mamaka
Holoto i te vai kaaba
Te vai equemai i te po
Quirúa i tehenúa
Tiare Rapa NuiI
O anne i na eo
Qui a hanga e hara
Hooki mai kiis nei

1965

VALDIVIA EN LA NIEBLA

El río va bocabajo burlando troncos y cerros
El agua es sombra tranquila timoneando en el silencio
Una gaviota (hacia Niebla) grita su canto de invierno
Y en la ribera se ahoga la sombra sucia de un perro

Un bronco motor emerge
Desgarrando
Un ruido nuevo
Luego surgen de la sombra dos
Convoyes madereros

Valdivia entera se duerme en un dulce sueño espeso
Hacia Las Ánimas zumban sordos los aserraderos
Dos amantes se reparten puente y río con los dedos
Y un guardia oscuro vigila los avatares del viento

Y abajo, en Corral, la noche del mar
Ahoga un lamento
Y en su corazón salino flotan
Navíos y muertos

Yo permanezco tranquilo con las manos en los remos
Y un pitillo reluciente sangrando bajo el sombrero

No quiero mirar el agua porque están tus ojos dentro
La oscuridad de la altura no me libra del lucero
No quiero tocar tu tierra y me alejo río adentro
No quiero besar el aire
Y en gruesa manta me envuelvo
No quiero morder tu nombre
Y fumo y fumo en silencio

Pero de todo me asaltas porque en todo
Estas viviendo

Los martillos van labrando los juncos de tu cabello
El viento canta en tu boca
El río brilla en tu cuerpo
Y en cada nombre que nombro salta
El tuyo como un beso

Pero en tu pecho cruzado
Por ríos turbios y fieros
Flota olvidado en la noche
Mi nombre
Como
Un madero

1966

VINO DEL MAR

A Marta Ugarte

Vino del mar
Envuelta en agua azul
La trajo el viento del más allá
Dormida en las
Olas de espuma y sal
Sobre su propia herida mortal

Vino del mar
Con una cicatriz
Que dividía su pecho en dos
Trazada por
Un furioso puñal
Que eternizó su indefensión

Vino del mar
Más blanca que la sal
Hacia la oscura arteria de mi amor
Y allí quedó
Muerta en la playa gris
Bajo un fulgor crepuscular

Vino del mar
Más negra que el carbón
Para alumbrar la noche de mi amor
Y allí encendió
Un fuego sin furor
Para entibiar mi corazón

Vino del mar
Y era una estrella azul
Danzando en altas olas de sal

(Volviste a mí
Porque me ataste
Al nudo de la eternidad)

Costa de Montemar, Con Con, 2002

VOY A VER PASAR LOS TRENES

Voy a ver
Voy a ver pasar los trenes
Por acá
Por acaso te sorprendo
Mirando
Mirando por la ventana
La lluvia
La lluvia que va cayendo
Voy a ver
Voy a ver pasar los trenes

Por este pueblo pasan, Pagamal
Quinientas ruedas
Pero en el aguacero, Pagamal
Nadie se queda
Por este pueblo pasan, Pagamal
Quinientas ruedas

Quinientas ruedas sí, Pagamal
Sobre mojado
Y tú quitando lejos, Pagamal
Lo que me has dado

Cierto, sobre mojado
Pagamal me lo has quitado

1967

VUELVO

Con cenizas, con desgarros
Con esta altiva impaciencia,
Con una honesta conciencia,
Con enfado con sospecha,
Con activa certidumbre,
Pongo el pie en mi país.

*

Pongo el pie en mi país
Y en lugar de sollozar,
De moler mi pena al viento,
Abro el ojo y su mirar
Y contengo el descontento.

*

Vuelvo hermoso, vuelvo tierno
Vuelvo con mi esperadura,
Vuelvo con mis armaduras,
Con mi espada, mi desvelo,
Mi tajante desconsuelo,
mi presagio, mi dulzura,
vuelvo con mi amor espeso,
Vuelvo en alma
Y vuelvo en hueso
A encontrar la patria pura
Al pie del último beso.

Vuelvo al fin sin humillarme,
Sin pedir perdón ni olvido:
Nunca el hombre está vencido,
Su derrota es siempre breve,
Un estímulo que mueve
La vocación de su guerra,
Pues la raza que destierra
Y la raza que recibe
Le dirán al fin que él vive
Dolores de toda tierra.

Vuelvo hermoso, vuelvo tierno
Vuelvo con mi esperadura,
Vuelvo con mis armaduras,
Con mi espada, mi desvelo,
Mi tajante desconsuelo,
mi presagio, mi dulzura,
vuelvo con mi amor espeso,
Vuelvo en alma,
Y vuelvo en hueso,
A encontrar la patria pura
Al pie del último beso.

Roma, 1978

Y POR LLEVARTE AL SUR

Lo he sentido por ti, que eres altiva,
Que eres frutal, que eres escandalosa,
Y por ello pareces agua viva,
Y por ello te aciertas asombrosa.

Lo he sentido por ti, mi rumorosa,
Siempre voceando por la luz cautiva,
Siempre volteando al sur las sediciosas
Pupilas con su rabia selectiva.

Pensando en este invierno en nuestros lares
Yo hubiera dado por el sur las manos,
Y por llevarte al sur lo que contengo.

No puede ser aún.
Si compensar, te pongo entre los pechos soberanos
Mi conciencia, que es lo único que tengo.

1985

YA NO CANTO TU NOMBRE

Mucho me paso
Sin decir nada
Moterná que me dejaste
Tanta palabra
Morená: mucho me paso
Sin decir nada

Es que tu olvido
Creció a la mala
Creció como mala hierba
Que tú regaras
Morená: es que tu olvido
Creció a la mala

Ay mi bien querido:
Cómo he vivido

Con sangre mía
Yo te amarrara
Porque no canto tu nombre
Ni tú me llamas
Morená: con sangre mía
Yo te amarrara

Viene la noche
Sube hasta el alba
Pero en mi cama se acuesta
La trasnochada
Morená: la noche queda
No llega el alba

Ay mi bien querido:
¿Cómo te olvido?

1965

ZAMBA DE BUENOS AIRES

Desde la provincia me vine acá
El cemento duro se me ablandó
Porque la guitarra tendió su cuerda
Y salió un sol nocturno
Que me cantó

Derramé mi voz sobre la ciudad
Hice mano diestra en el guitarrear
Educó mi sueño la trasnochada
Y entonces mi boca
Aprendió a cantar

Gracias Buenos Aires, quiero gritar
Con la voz mojada del corazón
Gracias por las cosas que me entregaste
Y que sueñan ardiendo
En esta canción

Porque en Buenos Aires yo te encontré
En la magia azul de tu juventud
Y mi vientre lleno de mundos nuevos
Reveló a tu vientre
Su plenitud

Ojalá que nunca me dejes ir
Acabó la niebla y la soledad
Ha llegado el tiempo de amarte entera
En días y noches
Sin piel ni edad

2002

www.ingramcontent.com/pod-product-compliance
Lightning Source LLC
Chambersburg PA
CBHW061437150726
47987CB00001B/249